Piccolo Dizionario dei Falsi Amici

Reclam premium Sprachtraining

Piccolo Dizionario dei Falsi Amici

Von Judith Krieg und Viviana Chilese

Reclam

RECLAMS UNIVERSAL-BIBLIOTHEK Nr. 14117
2015, 2021 Philipp Reclam jun. Verlag GmbH,
Siemensstraße 32, 71254 Ditzingen
Gestaltung: Cornelia Feyll, Friedrich Forssman
Druck und Bindung: Eberl & Koesel GmbH & Co. KG,
Am Buchweg 1, 87452 Altusried-Krugzell
Printed in Germany 2021
RECLAM, UNIVERSAL-BIBLIOTHEK und
RECLAMS UNIVERSAL-BIBLIOTHEK sind eingetragene Marken
der Philipp Reclam jun. GmbH & Co. KG, Stuttgart
ISBN 978-3-15-014117-5

Auch als E-Book erhältlich

www.reclam.de

Inhalt

Einleitung

Falsi amici, Falsche Freunde: Was versteht man darunter und wieso widmet sich ein Wörterbuch dem Thema? Jeder, der mit dem Italienischlernen beginnt, wird früher oder später auf dieses Phänomen stoßen – auf Wörter, die im Deutschen und im Italienischen dieselbe oder eine ähnliche Form haben, aber in ihrer Bedeutung voneinander abweichen. So werden Lernende feststellen, dass aus dem Hahn mit *acqua calda* nicht etwa kaltes Wasser strömt, dass ein *antico amico* keine Antiquität ist und ein *dirigente* sich in Italien weniger mit Musik beschäftigt als der deutsche Dirigent.

Ähnlichkeit in der Schreibweise, Lautgestalt oder auch der grammatikalischen Struktur kann in die Irre führen, wenn die Wörter im Gebrauch der jeweils anderen Sprache unbesehen gleichgesetzt werden. Dieses Wörterbuch möchte dabei unterstützen, Falsche Freunde oder *Falsi amici* im Italienischen und Deutschen zu erkennen und als Fehlerquelle zu vermeiden. Die scheinbar gleichbedeutenden Wörter können auf allen Sprachniveaus zur Stolperstelle werden, der Anfänger ist davon genauso betroffen wie der sehr fortgeschrittene Sprecher des Italienischen. Nicht zuletzt erzählen die Falschen Freunde in vielen Fällen auch etwas von der Sprachgeschichte beider Länder. In diesem Sinne lohnt sich ein Blick in unser Wörterbuch für jeden Sprachinteressierten.

In der Forschung wurden mit dem Begriff Falsche Freunde früher häufig nur Kognaten bezeichnet, das heißt Wörter, die etymologisch, in ihrer Wurzel, verwandt sind. Inzwischen hat sich der Blickwinkel geändert, immer mehr Ansätze gehen vom Standpunkt der Lernenden aus, durch die eine Verbindung zwischen der Form und der Bedeutung der Wörter erst hergestellt wird. In diesem Sinne verfährt auch unser Wörterbuch: Den hier aufgenommenen Lemmata wohnt die Gefahr potentieller Verwechslungen inne. Ob die Wortpaare etymologisch verwandt sind oder nicht, ist dafür weniger wichtig.

Den Fokus legen wir auf die Bedeutungsebene, das heißt auf die sogenannten semantischen Falschen Freunde, die inhaltlich in die Irre führen. Folgende Varianten können hier unterschieden werden:

1. *Absolute Falsche Freunde*, auch *falsche Kognaten* genannt: Die Wörter haben in diesem Fall völlig unterschiedliche Bedeutungen, wie etwa im Fall von *Backe* und *la bacca*, dt. »Beere«. Die formale und lautliche Ähnlichkeit dieser Lexeme ist eine rein zufällige.

2. *Partielle Falsche Freunde*, auch *echte Kognaten* genannt: Diese Wörter sind aus einer gemeinsamen Wurzel hervorgegangen, haben aber im Laufe der Zeit verschiedene Bedeutungen entwickelt, neue Bedeutungen angenommen oder andere verloren. Diese Kategorie der Falschen Freunde wird in unserem Wörterbuch mit dem Kürzel PFF für Partielle Falsche Freunde gekennzeichnet.

Beispiele sind etwa das Wortpaar *diskriminieren* und *discriminare*, letzteres trägt zusätzlich noch die Bedeutung »unterscheiden«, oder *ignorieren* und *ignorare*, das im Deutschen auch mit »nicht wissen« oder »nicht kennen« übersetzt werden kann. Wie bei diesen Beispielen gehen viele Wortpaare auf das Lateinische oder auch auf das Griechische zurück. Aber auch in späteren Epochen hat das Deutsche Lehnwörter aus den romanischen Sprachen übernommen. Es gibt hier also eine Ursache für die formale Ähnlichkeit.

Die Partiellen Falschen Freunde können eine oder mehrere gemeinsame Bedeutungen sowie jeweils davon abweichende Bedeutungen haben, mit einer unterschiedlich großen Schnittmenge. Dabei kann das italienische Wort den größeren Bedeutungsumfang haben als das deutsche und umgekehrt. Der Lernende muss sich bei diesen Wortpaaren zusätzliche Bedeutungen einprägen. Außerdem liegt eine Fehlerquelle darin, dass die partielle Überlappung zur Vermutung führt, auch die übrigen Bedeutungen stimmten überein.

Unter den abweichenden Bedeutungen verbergen sich nicht selten stilistische Falsche Freunde: In diesen Fällen werden die Wörter in jeder Sprache unterschiedlichen Stilebenen zugeordnet oder unterschiedlich häufig verwendet. So gibt es eine Reihe von Wörtern, die im Deutschen zur gehobenen Sprache oder einer Fachsprache gezählt werden oder aber eine spezielle Bedeutungsnuance haben, während sie im Italienischen in der Alltagssprache verwendet werden. Dies ist etwa der Fall beim Wortpaar *Kollaborateur* und *il collaboratore*, das ins Deutsche übertragen einfach nur »der Mitarbeiter« bedeutet, oder bei *Diskurs* und *il discorso*, womit im Italienischen auch eine alltägliche Unterhaltung gemeint wird.

3. *Kollokationen*: Zu Falschen Freunden auf der Bedeutungsebene können auch Wortverbindungen werden, die in den Sprachen voneinander abweichen oder andere Bedeutungen annehmen. So sagt man auf Italienisch *fare una domanda*, während im Deutschen eine Frage *gestellt* wird. Diese Kollokationen können hier nur am Rande berücksichtigt werden; sie tauchen teilweise im Rahmen der Partiellen Falschen Freunde auf.

4. *Pseudoitalienische Wörter*: Zu dieser Untergruppe gehören Wörter, die im Italienischen nicht existieren, obwohl ihre Form es dem deutschen Muttersprachler suggeriert. Hierzu gehören teilweise auch Internationalismen. Wir haben einige dieser Lexeme aufgenommen, geben jedoch nur die irreführende deutsche Vokabel und ihre korrekte italienische Übersetzung an. Eine pseudoitalienische Neubildung fügen wir nicht hinzu, da sonst die Gefahr bestünde, dass Leser und Lernende sich genau diese einprägen.

5. *Polyseme Wörter*: Eine besondere Variante der Falschen

Freunde stellen Wörter mit mehreren Bedeutungen in der einen Sprache dar, die in der anderen Sprache durch verschiedene Lexeme ausgedrückt werden, so etwa im Fall von *il canto*, ein Lexem, das im Deutschen zugleich »Gesang« und »Ecke« bedeutet.

Doch nicht nur die semantischen Falschen Freunde stellen Stolpersteine dar, Sprachfallen gibt es auch auf anderen Ebenen.

Erstens sind hier die *orthographischen Falsche Freunde* zu nennen, die sich in ihrer Schreibweise unterscheiden, so etwa im Fall von *Toleranz* und *la tolleranza* oder *Kommunikation* und *la comunicazione*.

Andere Wortpaare unterscheiden sich in ihrer Betonung und werden so zu *phonologischen Falschen Freunden*, etwa *il credito* und *Kredit* oder *Akademie* und *l'accademia*.

Auch ein unterschiedliches Genus kann zur Stolperstelle werden, etwa bei *die Kontrolle* versus *il controllo* oder bei *das Fest* und *la festa*.

Bei *morphologischen Falschen Freunden* führt die Anpassung an die im Deutschen üblicherweise verwendete Struktur zu Problemen, etwa was Präfixe oder Suffixe anbelangt, so zum Beispiel im Falle von *inspirieren*, ital. *ispirare*, oder dem Monat *August*, ital. *agosto*.

Im Falle der *grammatischen Falschen Freunde* tendieren Lernende dazu, beispielsweise Präpositionen, Artikel oder Adjektivformen anzupassen. Eine häufige Fehlerquelle ist die Verwendung des *congiuntivo* im Italienischen: So steht der Satz *Ich glaube, das ist nötig* im Deutschen im Indikativ, während das Italienische in diesem Fall den *congiuntivo* verwendet, *Credo che sia necessario*. Diese Kategorie der Falschen Freunde konnte hier nicht berücksichtigt werden.

In diesem Wörterbuch stehen wie beschrieben die semantischen Falschen Freunde im Vordergrund. Sie sind in einer Hauptliste alphabetisch geordnet, wobei vom deutschen Wort ausgegangen wird, unter dem der jeweilige *Falso amico* steht. Rechts daneben befinden sich die jeweils korrekte Übersetzung sowie ein Beispielsatz in italienischer Sprache. Hat ein Wort mehrere Bedeutungen, so wurden die am häufigsten vorkommenden gewählt. Grundlage der Auswahl sind der Grund- und der Aufbauwortschatz des Italienischen. Sind die Bedeutungen, insbesondere im Fall von stilistischen Falschen Freunden, im Deutschen veraltet oder gänzlich aus dem täglichen Gebrauch verschwunden, wurden die Wörter nicht aufgenommen.

Zusätzlich zur Hauptliste befinden sich im Anhang auch eine Auflistung phonologischer Falscher Freunde und eine Auswahl von Wortpaaren mit unterschiedlichem Genus, da beide Varianten häufig Stolpersteine für Lernende darstellen.

Grundsätzlich bleibt zu sagen, dass die Übergänge im lebenden Organismus der Sprachen fließend sind. Falsche Freunde können sich einander auch annähern und zu »echten Freunden« werden, gerade im Zeitalter der Globalisierung, zugleich können neue Falsche Freunde entstehen. Unser Wörterbuch soll ein Gespür für Stolperstellen vermitteln und Lernenden dabei helfen, tiefer in die italienische und auch in die deutsche Sprache einzutauchen und wirklich das zu sagen, was sie ausdrücken möchten.

Zeichen und Abkürzungen

Adj.	Adjektiv
Adv.	Adverb
allg.	allgemein, übergreifend
ANAT.	Anatomie
ARCH.	Architektur
BIBLIO.	Bibliothek
BIOL.	Biologie
BOT.	Botanik
CHEM.	Chemie
Dim.	Diminutiv
etw.	etwas
f.	Femininum (Genus)
fig.	figurativ, bildlich
FINANZ.	Finanzwesen
FOTO.	Fotografie
GASTR.	Gastronomie
GEO.	Geographie
GESELL.	Gesellschaft
GRAMM.	Grammatik
HIST.	historisch, Geschichte
intr.	intransitiv
iron.	ironisch
jdm.	jemandem
jdn.	jemanden
JOURN.	Journalismus
LING.	Linguistik, Sprachwissenschaft
LIT.	Literatur-, Hochsprache
m.	Maskulinum (Genus)
MATH.	Mathematik
MED.	Medizin
MIL.	Militär(sprache)

MUS.	Musik
ÖKON.	Ökonomie, Wirtschaft
Part. Präs.	Partizip Präsens
pej.	pejorativ, abwertend
PHARM.	Pharmazie
PHIL.	Philosophie
PHYS.	Physik
Pl.	Plural
POL.	Politik
PSYCH.	Psychologie
qc.	qualcosa
qu.	qualcuno
refl.	reflexiv
RECHT	Recht(ssprache)
REL.	Religion
scherz.	scherzhaft
Sg.	Singular
TECH.	Technik
THEA.	Theater
TYPOGR.	Typographie
TV	Fernsehen
ugs.	umgangssprachlich
UNIV.	Universität
unpers.	unpersönlich
unv.	unveränderlich
VERS.	Versicherung
VERW.	Verwaltung
vulg.	vulgärsprachlich

Das Nullzeichen Ø weist auf eine lexikalisch nicht existierende Form bzw. Lücke in der Zielsprache hin, wenn der Italienisch-lernende eine entsprechende italienische Variante erwarten könnte.

Falsi Amici A–Z

A

Abitur
(∅)

la maturità
L'anno prossimo Marco deve fare l'esame di maturità.

Absolvent
(∅)

il diplomato (SCHULE), *il laureato* (UNIV.)
Alcuni laureati decidono di fare il dottorato di ricerca.

---

absolvieren

1. *fare* (ableisten), *finire*, *terminare* (beenden)
Luca ha fatto il servizio militare non lontano da casa sua.
2. *superare* (bestehen)
Maria ha superato l'esame senza problemi.
3. *assolvere* (REL. lossprechen)
Preghiamo perché Dio ci assolva dai nostri peccati.

assolvere PFF

1. **freisprechen** (RECHT); auch: **absolvieren** (REL., S.O.)
Alla fine del processo il tribunale ha assolto l'imputato.
2. **erfüllen, einlösen**
Avendo accettato questo lavoro, devi anche assolvere ai tuoi doveri.

Adressat/in
(∅)

il destinatario / la destinataria
Se manca l'indirizzo del destinatario, la lettera non può essere recapitata.

Adresse
(∅)

l'indirizzo
Se mi dai il tuo indirizzo, ti scriverò una cartolina.

Affäre   1. *la faccenda*
Pare che Andrea sia coinvolto in faccende poco chiare.
2. *l'affaire* m., *l'affare* m.
L'affaire Dreyfus fu uno scandalo politico che sconvolse la Francia alla fine del XIX secolo.
3. *la relazione amorosa*
Ho saputo che Luca ha una relazione (amorosa) con una collega.

l'affare m. PFF   1. **Angelegenheit, Sache** (auch ugs.)
Non voglio parlare di questa cosa, sono affari miei.
2. **Geschäft**
Comprando questa macchina, hai fatto veramente un buon affare.
3. **Affäre** (s. o. 2)
4. **Ding, Dingsda**
Ma che cos'è quest'affare?

Aggression   1. *l'aggressività*
Lui tende a scaricare la sua aggressività sugli altri.
2. *l'aggressione* f. (MIL.)
Il Patto Molotov-Ribbentrop sancì l'impegno di non aggressione fra la Germania nazista e l'Unione Sovietica.

l'aggressione f. PFF   1. **Überfall**
Ieri sera un uomo è stato vittima di un'aggressione davanti a casa sua.
2. **militärische Aggression** (s. o. 2)

Akademiker/in   1. *il laureato / la laureata*
I laureati trovano lavoro abbastanza facilmente.
2. *l'accademico / l'accademica* (Mitglied einer
Akademie)
Gli Accademici della Crusca possono proporre
soci stranieri.

l'accademico / l'accademica PFF   **Mitglied einer Akademie/
Universität** (s.o. 2)

Akkord   1. *l'accordo* (MUS.)
Dopo gli ultimi accordi il pubblico cominciò ad
applaudire.
2. **im Akkord arbeiten**
lavorare a cottimo

l'accordo PFF   1. **Einigkeit, Einverständnis**
Io e mio fratello abbiamo un bellissimo
rapporto, andiamo molto d'accordo.
2. **Übereinkunft, Einigung**
L'avvocato si è messo d'accordo con il suo cliente.
3. **Abkommen, Vereinbarung, Vertrag**
L'accordo non è ancora stato ratificato dai
membri dell'Unione europea.
4. **Akkord** (MUS., s.o. 1)

Akt   1. *l'azione* f. (Handlung, Tat), *l'atto* (auch
THEA.)
Accettare quest'offerta è stato un atto di
disperazione.
2. *la cerimonia*
La cerimonia per l'anniversario della repubblica è durata più di quattro ore.

3. *il nudo*
Questo nudo di Modigliani è un quadro molto famoso.

l'atto PFF
1. **Akt** (s. o. 1)
2. **Geste, Zeichen**
Hai compiuto veramente un atto di coraggio salvando quella ragazza.
3. **Urkunde, Schein,** (Pl.) **Akten**
Gli hanno consegnato il loro atto di matrimonio.

Aktion
1. *l'azione* f.
I macchinari rimangono in azione tutto il giorno.
2. *l'azione* f., *l'iniziativa, la campagna*
Le azioni a sostegno dei centri sociali non hanno portato frutti.

l'azione f. PFF
1. **Tat, Handlung**
Dopo aver parlato tanto, ora dovresti passare all'azione.
2. **Aktion** (s. o. 1), **Tätigkeit, Betrieb**
3. **Aktion** (s. o. 2)
4. **Wirkung, Effekt**
Il medicinale ha un'azione immediata sui pazienti.
5. **Klage, Verfahren**
Luca ha intentato un'azione civile contro il conducente dell'altra macchina.
6. **Aktie**
Le azioni sono crollate a causa degli avvenimenti negli Stati Uniti.

akut
1. *grave, serio/a, scottante*
È un problema scottante, bisogna affrontarlo subito.
2. *acuto/a* (Krankheit, Schmerz)
La sua malattia si trova in uno stadio acuto.

acuto/a PFF
1. **spitz, scharf**
Gli spigoli della tavola di vetro sono acuti.
2. (fig.) **scharf(sinnig)**
Luca fa sempre delle osservazioni molto acute.
3. **heftig, stechend** (Schmerz), **schrill** (Ton), **brennend** (Wunsch)
Il bambino sta piangendo per un dolore acuto.
4. **akut** (s.o. 2)

Alimente
(Pl.) *gli alimenti*
Dopo il divorzio il padre deve pagare gli alimenti per i due figli.

l'alimento
1. **Nahrung(smittel)**
La pasta è un alimento essenziale della cucina italiana.
2. (Pl.) **Alimente, Unterhalt** (s.o.)

---

alt
vecchio/a (allg.), *anziano/a* (Person), *antico/a* (antik, antiquarisch)
Questa casa è talmente vecchia da cadere a pezzi.

alto/a
1. **groß, hoch**
Questo ragazzo sarà alto due metri.
2. **laut**
Stai ascoltando la radio a volume troppo alto.

Ambiente *l'atmosfera*
Stiamo cercando un ristorante con la tipica atmosfera romana.

l'ambiente m. PFF 1. **Umgebung, Raum**
Dopo il trasloco il bambino si trova in un ambiente sconosciuto.
2. **Milieu, Szene, Kreise**
La polizia ha scoperto che il sospetto ha contatti nell'ambiente della droga.
3. **Umwelt, Lebensraum**
Questa associazione si occupa della difesa dell'ambiente.
4. **Raum, Zimmer**
Affittasi ufficio composto di cinque ambienti.
5. **Ambiente** (s.o.)

---

ambulant 1. *ambulante* (wandernd, ohne festen Standort)
In spiaggia si vedono tanti venditori ambulanti.
2. *ambulatoriale, ambulatorio/a*
(MED. nicht stationär)
La cura ambulatoriale a cui mi sono sottoposto è durata solo qualche minuto.

ambulante PFF **ambulant** (s.o. 1)

Ambulanz 1. *l'infermiera* (Station für Behandlung),
il pronto soccorso (Notaufnahme)
Domenica mi sono tagliato il dito e sono dovuto andare al pronto soccorso.
2. *l'ambulanza* (Krankenwagen)
Luca è stato portato in ospedale con l'ambulanza.

l'ambulanza PFF **Krankenwagen, Ambulanz** (s.o. 2)

amüsant (Ø)	***divertente*** *Ieri ho sentito una barzelletta divertente.*

Annonce	***l'annuncio, l'inserzione*** f. (Anzeige) *Hanno messo un annuncio sul giornale per* *vendere la casa.*
l'annuncio PFF	1. **Mitteilung, Nachricht** *Ieri abbiamo ricevuto l'annuncio del loro* *matrimonio.* 2. **Annonce** (s.o.) 3. **Ansage** (RADIO, TV) *L'annuncio dell'accaduto fu trasmesso con tre* *ore di ritardo.*

antik	***antico*** (Altertum, Antiquität) *Ad Agrigento abbiamo visitato un tempio antico.*
antico/a PFF	1. **antik** (s.o.) 2. **alt, langjährig** *Luca va in piscina ogni mattina, è una sua* *antica abitudine.* 3. **früher, ehemalig** *L'antica sede della ditta era in un'altra città.*

Antiquität	***l'oggetto antico*** *Sandra colleziona oggetti antichi.*
l'antichità PFF	1. **Altertum, Antike** *L'antichità è l'origine della nostra cultura.* (Pl.) **Altertümer** *Ai Musei Vaticani sono esposte molte antichità.* 2. **Alter, Altertümlichkeit** *L'antichità dei caratteri dimostra che questo* *esemplare della bibbia risale al medioevo.*

Apotheke (Ø)	*la farmacia* *In farmacia vendono le pastiglie contro la tosse.*

Apparat
1. *l'apparecchio, l'apparecchiatura*
(TECH. Gerät, Vorrichtung)
Gli apparecchi non funzionano perché manca la corrente.
2. *la macchina fotografica*
Mi fai una foto con la tua macchina fotografica?
3. *il telefono*
Auch: **bleiben Sie bitte am Apparat:** *resti in linea, per favore.*
4. *l'apparato, il sistema* (MIL., VERW.)
L'apparato amministrativo deve lavorare in modo più efficace.

l'apparato PFF
1. **Apparat** (s.o. 4)
2. **Aufwand, Aufgebot**
La manifestazione è stata scortata da un grande apparato di polizia.

Argument *l'argomento*
Abbiamo discusso a lungo, ma gli argomenti degli altri non mi hanno convinto.

l'argomento PFF
1. **Argument** (s.o.)
2. **Thema** (Gespräch, Aufsatz)
Quando mi sono accorto che non le interessava, ho subito cambiato argomento.
3. **Anlass, Vorwand**
Luca mi ha dato argomento per ridere di lui.

Arm	*il braccio*
	Anna porta la borsa al braccio destro.
l'arma (Pl. *le armi*)	**Waffe**
	In questo paese è troppo facile acquistare armi
	da fuoco.

(sich) arrangieren	1. *arrangiarsi, cavarsela*
	Il mio vicino si è sempre arrangiato facendo
	lavori saltuari.
	2. *arrangiarsi, mettersi d'accordo*
	Abbiamo discusso per ore ma alla fine ci siamo
	arrangiati sul prezzo.
	3. *combinare, organizzare* (Vorkehrungen treffen)
	Abbiamo combinato un incontro per domani.
	4. *disporre, sistemare* (gestalten)
	Anna sistema i fiori sui tavoli.
arrangiarsi PFF	**sich arrangieren** (s. o. 1 und 2)
arrangiare	1. **herrichten**
	Laura ha deciso di arrangiare un vestito vecchio
	per il suo matrimonio.
	2. **regeln** (Angelegenheit)
	Non ti preoccupare, riusciremo ad arrangiare
	questa faccenda.
	3. (ugs.) **zurechtmachen, (vor)bereiten** (Essen, Bett)
	Il frigo era quasi vuoto, ma la padrona di casa
	ha arrangiato un bel pranzetto in poco tempo.
	4. (ugs.) **fertigmachen, übel zurichten**
	Sono stati degli sconosciuti ad arrangiarlo così
	male.

artikulieren   1. **articolare, pronunciare** (Aussprache)
Devi articolare le parole in modo più chiaro.
2. **esprimere, formulare**
Mio marito sa esprimere bene i suoi sentimenti.

articolare PFF   1. **artikulieren** (s.o.1)
2. **gliedern, unterteilen**
Il romanzo è articolato in capitoli.
3. **Gliedmaßen, Gelenk bewegen, beugen**
Non riusciva ad articolare la gamba destra.

Artist/in   *l'artista* m./f. *di circo,* *l'acrobata* m./f.,
l'equilibrista m./f.
Ieri sera, al circo, ho visto un acrobata
bravissimo.

l'artista m./f. PFF   1. **Künstler/in**
Picasso è un artista molto famoso.
2. **Artist/in** (s.o.)

---

assistieren   *assistere* (unterstützen), *fare l'assistente* m./f.
I miei collaboratori mi hanno assistito durante
tutto il processo creativo.

assistere PFF   1. **helfen, beistehen**; auch: **assistieren** (s.o.)
2. **pflegen, ärztlich betreuen**
Ogni tanto viene un'infermiera per assistere la
madre di Luca.
3. **teilnehmen, anwesend sein, beiwohnen**
Tutti i membri del parlamento hanno assistito
al dibattito.
4. **Rechtsbeistand leisten, vertreten**
L'avvocato ha assistito perfettamente l'impu-
tato.

Aspekt	***l'aspetto*** (Gesichtspunkt)
	Non avevo mai considerato questo aspetto.
l'aspetto PFF	1. **Aussehen, Anblick**
	A giudicare dal suo aspetto sembra malato.
	2. **Aspekt** (s.o.)

Ast	**il ramo** (Baum, Strauch)
	La ragazzina cerca di arrampicarsi sui rami dell'albero.
l'asta	1. **Stab, Stange**
	Ho comprato un'asta per appendere le tende.
	2. **Auktion, Versteigerung**
	Hanno messo all'asta il quadro di un celebre pittore.

Asyl	1. ***l'asilo*** (POL.,/RECHT)
	Dopo essere fuggita dal paese d'origine, la famiglia ha trovato asilo in un altro stato.
	2. ***l'asilo*** (Obdach, Nacht-, Obdachlosen-asyl)
	Qui vicino c'è un asilo per i senzatetto.
l'asilo PFF	1. **Asyl** (s.o. 1)
	2. **Asyl** (s.o. 2)
	3. **Kindergarten**
	Gli piace molto giocare con gli altri bambini dell'asilo.

attackieren	***attaccare, aggredire*** (angreifen; auch [fig.]: kritisieren); ***caricare*** (SPORT)
	Il deputato ha attaccato il suo avversario con argomenti convincenti.
attaccare PFF	1. **attackieren** (s.o.)

2. befestigen, aufhängen
Il segretario ha attaccato il manifesto al muro.
3. anfangen, beginnen (ugs.)
Maria ha attaccato un discorso sulla politica attuale.

Aula   *l'aula magna* (SCHULE, UNIV.)
        Lo spettacolo va in scena nell'aula magna della scuola.
l'aula   **Klasse(nzimmer), (Hör-, Sitzungs)saal**
        Alle otte tutti gli studenti devono essere in aula.

Autist/in   *l'autista* m./f. (MED.)
        Gli autisti necessitano di attenzioni particolari.
l'autista m./f. PFF   1. **(Auto-, Bus-)Fahrer/in**
        Gli autisti degli autobus urbani svolgono un lavoro di grande responsabilità.
        2. **Autist/in** (s.o.)

Automat   1. *l'apparecchio automatico* (allg., TECH.)
        Nella società moderna si usano apparecchi automatici per qualsiasi cosa.
        2. *il distributore* (Verkauf); *il bancomat* (Geld)
        C'è un distributore di sigarette sotto casa mia.
        3. *l'automa* m., *il robot* (pej. Person)
        Luca lavora come un automa.
l'automa m. (Pl. *gli automi*) PFF   **Roboter** (s.o. 3)

Autor/in   *l'autore / l'autrice*
        L'autore del romanzo è nato nel 1980.
l'autore / l'autrice PFF   1. **Autor/in** (s.o.); auch: **Komponist/in, bildende/r Künstler/in**

2. Urheber/in, Initiator/in, Begründer/in
*L'autore della nuova legge fa parte della
coalizione di sinistra.*
3. Täter/in (RECHT)
La polizia non ha trovato l'autore del furto.

Autorität	***l'autorità*** (Eltern, Staat) *Gli anarchici non riconoscono nessuna autorità.*
l'autorità PFF	**1. Autorität** (s.o.) **2. Macht(befugnis), Recht** *Il giudice ha l'autorità di terminare il processo.* **3. (Pl.) Behörde** *È prevista una riforma delle autorità italiane.* **4. Ansehen** *Lo scienziato gode di grande autorità presso i suoi colleghi.*

B

Backe   ***la guancia***
La bambina ha le guance molto rosse a causa della febbre.

la bacca   **Beere**
Durante la gita nel bosco il bambino ha riempito il cestino di bacche.

Ball   1. ***la palla, il pallone*** (größer, z. B. Fußball)
I bambini giocano a pallone nel cortile.
2. ***il ballo*** (Tanzfest)
Per andare al ballo mi metto un vestito elegante.

il ballo PFF   1. **Tanzen, Tanz**
Mi permette questo ballo?
2. **Ball, Tanzfest** (s. o. 2)

la balla   1. **Ballen**
In agosto i campi sono pieni di balle di fieno.
2. (ugs.) **Stuss, Mist, Schmarren**
Non credere a quello che dice, racconta sempre un sacco di balle.
3. (ugs.) **Rausch**
Ieri ho preso una gran balla.

Band   1. ***il nastro*** (Papier, Stoff; Ton-)
Per impacchettare il regalo ho usato un bel nastro rosso.
Auch: ***la banda*** (Streifen; Ton-, Magnet-)
2. ***il legame, il vincolo*** (Bindung)
Tra i due fratelli c'è un legame molto stretto.

	3. *il volume* (Buch)

3. *il volume* (Buch)
Di questo romanzo esiste un'edizione in due volumi.

Bande
1. *la banda, la combriccola* (Gruppe, Jugendliche)
Sabato sera la città è piena di bande giovanili.
2. *la banda* (Verbrecher)
La banda aveva preparato il furto già da molto tempo.

la banda PFF
1. **Bande** (s. o. 1)
2. **Band** (s. o. 1), **Streifen, Riemen**
3. **(Musik-)Kapelle**
Alla festa del paese suona una banda.

il bando
öffentliche Ausschreibung
È stato pubblicato il bando di concorso nazionale per gli insegnanti.
Auch: *mettere qu./qc. al bando:* **jdn./etw. verbannen** (auch fig.)

Bank
1. *la panca, la panchina* (Sitzgelegenheit)
Le panchine nel parco sono già tutte occupate.
2. *il banco* (Gericht, Kirche, Schule)
La compagna di banco di mia figlia si chiama Ilaria.
Auch: **Wolkenbank:** *il banco di nuvole*
3. *la banca* (FINANZ.)
Devo passare in banca per prelevare dei soldi.
Auch: (MED.) *la banca (del sangue)* oder (EDV) *la banca dati*

la banca
Bank (s. o. 3)

il banco PFF
1. **Bank** (s. o. 2)
2. **Theke, Thresen, Stand** (Markt)
Abbiamo bevuto il caffè al banco.
Auch: *il banco (di pesci):* **(Fisch-)Schwarm**

bankrott (∅)	1. *fallito/a* (RECHT)
	L'azienda di Luca è fallita e non è più in grado di pagare i debiti.
	2. *in rovina,* (ugs.) *al verde*
	Se continuo così, entro la fine del mese sarò al verde.
Bankrott	1. *la bancarotta* (RECHT; schädigendes Verhalten des Schuldners, z. B. betrügerischer B.)
	L'imprenditore è stato accusato di bancarotta fraudolenta.
	2. *il fallimento* (RECHT; Zahlungsunfähigkeit, Pleite); auch: (fig.) *il crollo, la rovina*
	La sua azienda si trova ad un passo dal fallimento.
la bancarotta	**Bankrott** (s. o. 1 und 2); *fare bancarotta, andare in bancarotta*

Bar	1. *il banco* (Theke)
	Vogliamo sederci al tavolo o prendere l'aperitivo al banco?
	2. *il locale (notturno), il night(club)* (Lokal)
	Siamo rimasti in quel locale fino a tardi.
il bar	1. (Steh-)**Café**
	Vogliamo prendere un caffè al bar qui di fronte?
	2. (Haus-, Hotel-)**Bar**
	Questo bar è sempre ben fornito di alcolici.

Bestie	1. *la bestia feroce, la belva*
	I ragazzi non osano attraversare il cortile perché c'è un cane che sembra essere una bestia feroce.
	2. (fig.) *il bruto, la bestia* (Person, pej.)
	Quella bestia ha ucciso due persone.

la bestia PFF   1. **(Haus-)Tier, Vieh**
Ogni mattina si sveglia presto per dare da
mangiare alle bestie.
2. (scherz.) **Esel, Tolpatsch**
Sei proprio una bestia, lasci cadere tutto!
3. **Bestie** (Person, s. o. 2)

Bilanz   *il bilancio*
Alla fine dell'anno l'azienda deve controllare i
bilanci.
la bilancia **Waage**
Se vuoi sapere il tuo peso esatto, dovresti usare
la bilancia.

Bord   1. *la mensola* (Wandbrett)
Le tazzine per il caffè stanno sulla
mensola.
2. *salire, essere a bordo* (Verkehrsmittel)
La nave partirà appena tutti i passeggeri
saranno a bordo.
il bordo PFF 1. **Bord** (s. o. 2)
2. **Kante, Rand** (auch Straße)
Si era seduta sul bordo del letto.
3. **Saum, Borte**
Devo ancora cucire il bordo della tovaglia.
Auch: *la gente d'alto bordo:* **bessere, höhere**
Gesellschaft

Börse   1. *il borsellino, il portamonete* (Münzen)
Nel borsellino ho sempre qualche spicciolo.
2. *la borsa* (FINANZ., auch Gebäude)
Ha perso tutti i suoi soldi giocando in
borsa.

la borsa PFF ı. **(Hand-)Tasche, Beutel**
Laura è stata al supermercato ed è ritornata
con tre borse piene.
2. **Börse** (s. o. 2)
Auch: *la borsa di studio:* **Stipendium**

---

brav ı. *obbediente, bravo/a, buono/a* (Kind)
Se stasera sarete bravi, domani vi porterò allo
zoo.
2. *convenzionale* (bieder), *perbenino/a*
Questa ragazza si veste in modo molto
convenzionale.

bravo/a PFF ı. **fähig, geschickt, gut**
Maria è molto brava in matematica.
2. **ehrlich, anständig**
È un bravo ragazzo, non ha mai rubato niente.
3. **brav, artig, lieb** (s. o. 1)

---

brillant *brillante, eccellente*
Pollini è un pianista brillante.

brillante PFF ı. **glänzend, leuchtend, strahlend**
La bambina ha gli occhi brillanti di gioia.
2. (fig.) **brillant** (s. o.)

---

brutto *(peso) lordo, (al) lordo* (FINANZ., ÖKON.)
Prende uno stipendio lordo di 3000 euro al mese.

brutto/a ı. **hässlich**
Questo vestito è davvero brutto.
2. **schlecht, schlimm** (moralisch)
Fumare è una brutta abitudine.
3. **übel, schrecklich, unerfreulich**
Stanotte ho fatto un brutto sogno.
Auch: *il brutto tempo:* **schlechtes Wetter**

Bürger/in 1. *il cittadino / la cittadina*
Tutti i cittadini sono uguali davanti alla legge.
2. *il/la borghese* (zum Bürgertum gehörig)
Il quartiere è sempre stato abitato da ricchi
borghesi.

il/la borghese PFF **Bürger/in** (s. o. 2); auch: (pej.) **Bour-
geois, Spießer/in**
Per Davide il matrimonio è una cosa da piccoli
borghesi.
Auch: *in borghese:* in Zivil

Burg *la fortezza, il castello*
La fortezza fu costruita nel medioevo.

il borgo 1. **Ortschaft, Dorf**
Abbiamo passato la notte in un piccolo borgo
in campagna.
2. **(Vorstadt-)Viertel**
In alcuni borghi di Napoli vive gente molto
povera.

Büro 1. *l'ufficio*
Ha lavorato in ufficio tutto il giorno.
2. *l'agenzia* (Reise- etc.)
Abbiamo prenotato la crociera all'agenzia
viaggi.

il bureau (burò) 1. **Schreibtisch**
Questo burò è un pezzo raro del '700.
2. **Direktion, Leitung**
Abbiamo passato la sua lettera di reclamo al
bureau.

C

Champion   *il campione / la campionessa* (SPORT)
Tutti sono ansiosi di sapere chi sarà il campione del mondo.

il campione / la campionessa PFF   1. **Champion, Meister/in** (s.o.)
2. (nur m.) **Muster, Probe** (HANDEL)
L'azienda ha mandato dei campioni di stoffa ai venditori.
3. (nur m.) **Auswahl, Probe** (STATISTIK)
Questo campione non è rappresentativo per tutta la popolazione.

Charakter   *il carattere, l'indole* f., *la personalità* (Wesen, Persönlichkeit)
Questo ragazzo ha un carattere difficile, litiga sempre coi suoi compagni.

il carattere PFF   1. **Charakter** (s.o.)
2. **Schrift(zeichen), Drucktype, Buchstabe**
I caratteri più usati in scrittura sono quelli latini.
3. **Eigenart, Merkmal, Natur**
Prima ha fatto alcune osservazioni di carattere generale.

Chef/in   *il capo, il padrone / la padrona* (Arbeitgeber/in), *il direttore / la direttrice* (Büro, Betrieb)
Luca non può decidere niente senza consultare il suo capo.

lo chef   **Chefkoch**
                 Questo è il ristorante di uno degli chef più
                 famosi d'Italia.

Chronik   ***la cronaca*** (HIST.)
                 Ha studiato la storia della città nelle cronache
                 medievali.

la cronaca PFF 1. **Bericht(erstattung), Reportage**
                 Parleranno delle elezioni nella cronaca da
                 Palazzo Chigi durante il telegiornale delle 20.
                 2. **Nachrichten**
                 Mi piace ascoltare la cronaca alla radio.
                 3. **Chronik** (HIST.) (S.O.)

D

Defekt 1. *il danno, il guasto* (TECH.)
Devo chiamare un tecnico perché ripari il guasto.
2. *il difetto* (körperlich, geistig)
Ai nostri tempi i difetti della vista si possono correggere.

il difetto PFF 1. **Mangel, Fehlen** (von etw.)
Dopo una lunga discussione ho dovuto cedere per difetto di argomenti.
2. **Fehler** (schlechte Angewohnheit)
Ha il difetto di mangiarsi le unghie.
3. **Fehler, Defekt** (s.o. 2)

Delikatesse *la leccornia, la specialità gastronomica*
Per molta gente le ostriche sono una leccornia.

la delicatezza PFF 1. **Zartheit, Feinheit**; auch: **Zerbrech-lichkeit**
A Laura piace la delicatezza delle camicie di seta.
2. **Aufmerksamkeit, Rücksicht**; auch: **Diskretion, Taktgefühl**
Ha avuto la delicatezza di non parlare con nessuno del mio segreto.
3. **Delikatesse, Köstlichkeit** (s.o.)

---

demonstrieren 1. *manifestare, dimostrare*
Gli studenti hanno manifestato contro la nuova legge.
2. *dimostrare* (vorführen, darlegen)
Gli esperti hanno dimostrato il funzionamento del congegno.

dimostrar(si) PFF 1. **beweisen, nachweisen**

> *L'avvocato è riuscito a dimostrare l'innocenza del suo cliente.*

2. **erkennen lassen, zeigen**

> *Anna dimostra un certo talento nella pittura.*

3. **sich erweisen (als)**

> *Si è dimostrato difficile fissare un appuntamento con il mio professore.*

4. **demonstrieren** (s.o. 1 und 2)

---

desinteressiert *disinteressato/a, privo/a di interesse*

> *Per quanto riguarda la politica, Giancarlo è del tutto disinteressato.*

disinteressato/a PFF 1. **un-, desinteressiert** (s.o.)

2. **uneigennützig, selbstlos**

> *Non si aspetta niente per il suo aiuto, agisce in modo completamente disinteressato.*

Devise *la massima, il motto*

> *La sua massima è godersi la vita e non lavorare troppo.*

Devisen (Pl.) *la divisa, la valuta*

> *Prima del viaggio si è procurato la valuta del paese di destinazione in banca.*

la divisa PFF 1. **Uniform**

> *I carabinieri portano una divisa di color blu.*

2. **Devise(n)** (s.o.)

---

devot *ossequioso/a, sommesso/a, devoto/a*

> *Il suo comportamento verso il capufficio è estremamente devoto.*

devoto/a PFF 1. **fromm, andächtig**

> *Laura è molto devota, va in chiesa ogni sera.*

2. **ergeben, treu**; auch: (pej.) **devot** (s.o.)
Luigi è un amico devoto, mi posso sempre fidare di lui.

---

dezent   1. *riguardoso/a, discreto/a* (Person)
Luigi non chiederebbe mai di raccontargli fatti privati, è molto discreto.
2. *discreto/a* (Kleidung, Beleuchtung), *sommesso/a* (MUS.), *delicato/a* (Farbe, Geruch)
Per la sera si è messa un profumo discreto.

decente   1. **anständig, schicklich**
Per andare in chiesa bisogna vestirsi in modo decente.
2. **annehmbar, angemessen, anständig** (ugs.)
Per questo lavoro mi hanno offerto una somma decente.

Diät   *la dieta; il regime alimentare* (Kranken-, Schonkost)
Dopo Natale tanta gente si mette a dieta.

Diäten (Pl.)   *l'indennità parlamentare*
I deputati devono accettare un taglio dell'indennità parlamentare.

la dieta PFF   1. **Diät** (s.o. 1)
2. **(Parlaments-)Versammlung, Bundes-, Landtag**
La dieta deve ancora discutere la nuova legge.

Differenz   1. *la differenza* (MATH.)
Tra 15 e 20 c'è una differenza di 5.
2. *l'ammanco* (FINANZ., ÖKON.)
Non sappiamo spiegarci questo ammanco di cassa, qualcuno deve aver preso dei soldi.

3. *la divergenza, il contrasto* (Meinung)
In riunione hanno discusso la loro divergenza di opinioni.

la differenza PFF   1. **Verschiedenheit, Unterschied**
C'è una differenza tra la gente del Nord e quella del Sud.
2. **Differenz** (s.o.1)

Diplomat/in   *il diplomatico / la diplomatica*
Ogni mattina il diplomatico va a lavorare in ambasciata.
il diplomato / la diplomata   **Diplominhaber/in, Diplomierte/r**
Essere diplomati non è una garanzia per trovare lavoro.

Direktion   *la direzione* (Betrieb, Büro)
Questa decisione deve essere presa dalla direzione.
la direzione PFF   1. **Direktion, Leitung** (s.o.)
2. **Richtung, Weg,** (auch fig.) **Kurs**
Non so in che direzione sia la stazione.

Dirigent/in   *il direttore / la direttrice d'orchestra*
Karajan era un famoso direttore d'orchestra.
il/la dirigente   **leitende/r Angestellte/r, Leiter/in, (Partei-, Gewerkschafts-)Führer/in**
In questa riunione saranno presenti tutti i dirigenti dell'azienda.

---

dirigieren   *dirigere* (MUS.)
Nella prossima stagione Barenboim tornerà a dirigere le opere di Wagner.

dirigere PFF   1. **dirigieren** (s. o.), **leiten**
2. **richten, lenken** (Blick, Aufmerksamkeit)
*Non mi stai ascoltando! La tua attenzione è
diretta altrove.*

dirigersi   (intr.) **in Richtung von etw. gehen, fahren**
*Ci siamo subito diretti al bar a prendere un
caffè.*

---

diskret   *discreto/a* (vertraulich, taktvoll, unauf-
dringlich)
*È una faccenda delicata che va trattata in modo
discreto.*

discreto/a PFF   1. **diskret** (s. o.)
2. **ziemlich, ganz gut**
In questo ristorante offrono vini discreti.
3. **ordentlich, stattlich**
Mi hanno pagato una cifra discreta.
4. **mäßig, bescheiden**
*A questo banco vendono la frutta a prezzi
discreti.*

Diskurs   *la discussione, il dibattito*
Il dibattito parlamentare è durato quattro ore.

il discorso   1. **Gespräch, Unterhaltung;**
auch: (pej.) **Gerede**
Il nostro discorso mi ha fatto riflettere molto.
2. **Rede, Ansprache**
*Tutti attendono con impazienza il primo
discorso del nuovo Presidente della Repubblica.*
3. **Erörterung, Darlegung**
*Alla fine del suo discorso avevo capito il
problema.*
Auch: *il discorso indiretto:* **indirekte Rede**

Division **la divisione** (MATH.; auch MIL.)
Nelle ore di matematica i bambini imparano la
divisione e la moltiplicazione.

la divisione PFF 1. **Division** (s.o.)

2. **(Auf-, Ein-)Teilung**
La divisione del lavoro è essenziale per il buon
funzionamento degli affari.

3. **Teilung, Trennung**
La divisone dei poteri sta alla base di ogni
democrazia.

4. **Kluft, Gegensatz**
Oggi la divisione tra i partiti di destra e quelli di
sinistra è meno evidente.

5. **Abteilung, Ressort**
La divisione commerciale ha deciso le nuove
strategie di vendita.

Dose **la lattina** (Getränk), **la scatola** (Konserven)
Si è comprato una lattina di limonata.

la dose 1. **Menge;** auch: (fig.) **Portion, Haufen**
Ci vuole una buona dose di coraggio per andare
in quel posto di notte.

2. **Dosis**
Hanno aumentato la dose del suo medicinale.

Drogerie **il negozio per prodotti farmaceutici, cosmetici e**
per la casa
Ho trovato questa lozione in un negozio per
prodotti cosmetici.

la drogheria **Gewürzhandlung**
Devo trovare una drogheria per comprare un
po' di cannella buona.

Droge	**la droga**
	La mafia guadagna tanti soldi con il traffico di droga.
la droga PFF	1. **Droge** (s.o.)
	2. **Gewürz**
	Lo zafferano è una droga che si usa, per esempio, per fare il risotto alla milanese.

---

dubios	**sospetto/a, equivoco/a, dubbioso/a**
	Era coinvolto in affari sospetti, non mi meraviglio che l'abbiano arrestato.
dubbioso/a PFF	1. **zweifelnd, unsicher, unschlüssig**
	Luca è ancora dubbioso di fronte all'offerta di lavoro, non sa decidere.
	2. **misstrauisch, argwöhnisch**
	Dal suo sguardo dubbioso si vede che non si fida delle tue parole.
	3. **zweifelhaft, dubios** (s.o.)

E

Effekt	*l'effetto* (Wirkung, Resultat)
	Il medicinale non ha avuto alcun effetto sul malato.
l'effetto PFF	1. **Effekt** (s. o.)
	2. **Eindruck**
	Questo ragazzo mi ha fatto l'effetto di essere una persona intelligente.
	3. **Wechsel, (Wert-)Papiere**
	È andato in banca per firmare un effetto.
	4. (Pl.) **Güter, Gegenstände**; auch: *gli effetti personali*: **persönliche Habe**

---

effektiv	1. *efficace, valido/a* (wirksam)
	Il direttore ha deciso di cambiare la strategia di vendita perché non si è dimostrata efficace.
	2. *efficiente, attivo/a* (kompetent)
	L'amministrazione non lavora in modo efficiente, c'è troppa burocrazia.
	3. *effettivo/a, reale* (tatsächlich, wirklich)
	Qual'è il risultato effettivo del vostro lavoro?
effettivo/a PFF	1. **wirklich, tatsächlich** (s. o. 3)
	2. **ordentlich, fest angestellt**
	Da due anni fa parte dello studio come socio effettivo.

(sich) engagieren	1. *assumere, prendere, ingaggiare* (vor allem künstlerische Tätigkeit)
	La direzione del teatro ha ingaggiato un nuovo attore.

2. (refl.) ***impegnarsi***
*Laura s'impegna nella politica comunale da
diversi anni.*

ingaggiare PFF 1. **einstellen, engagieren, anwerben** (s.o. 1)
2. **eröffnen, beginnen** (Kampf)
*Il sindaco ha dichiarato di voler ingaggiare
battaglia contro la corruzione.*

Ente 1. ***l'anatra***
*Il sesso delle anatre si può facilmente stabilire
dal colore delle piume.*
2. (ugs.) ***la bufala*** (JOURN.)
*Credo che questa notizia sia una bufala, tanto è
assurda.*

l'ente m. 1. **Körperschaft, Einrichtung, Amt**
(RECHT)
Questa piscina è un ente pubblico.
2. **Unternehmen, Betrieb**
Tutti gli enti devono pagare le tasse.
3. **Wesen** (PHIL.)
*Secondo Spinoza il genere umano è un ente di
ragione.*

Erektion ***l'erezione*** f.
Lui soffre di problemi di erezione.

l'erezione f. PFF 1. **Aufrichten, Aufstellen**; auch: **Erektion**
(s.o.)
2. **Bau, Errichtung** (ARCH.)
*L'erezione del monumento è durata più di un
anno.*
3. **Gründung**
Dall'erezione dell'istituto sono passati due anni.

Etappe   *la tappa* (Teilstrecke; [fig.] Abschnitt, Stufe)
          Il Giro d'Italia è diviso in diverse tappe.
la tappa PFF   1. **Rast, Station**
          Durante il viaggio abbiamo fatto tappa ogni
          venti chilometri perché il bambino non stava
          bene.
          2. **Rastplatz**
          La prossima tappa è a dieci minuti di marcia.
          3. **Etappe** (S.O.)

Examen   *l'esame (di laurea)* (UNIV.)
          A settembre Luca deve dare l'esame di laurea.
l'esame m. PFF   1. **Prüfung, Examen** (S.O.; auch SCHULE)
          (Über-)Prüfung, Untersuchung, Kontrolle
          (auch MED.)
          Il medico gli ha fatto fare un esame del
          sangue.

Expedition   1. *la spedizione* (Forschungsreise, -gruppe)
          Ieri la spedizione è partita per il Polo Nord.
          2. *il reparto spedizioni* (HANDEL)
          Il reparto spedizioni dell'azienda rifornisce i
          negozi di merce.
la spedizione PFF   1. **(Ver-)Sendung, Versand**
          Domani mi occupo della spedizione dei
          pacchetti.
          2. **Expedition** (S.O. 1)
          3. **Feldzug** (MIL.)
          La spedizione in Egitto è una delle tante guerre
          napoleoniche.

experimentieren   *fare esperimenti*
  Durante la lezione di chimica abbiamo fatto esperimenti con l'ossigeno.

sperimentare 1. **testen, ausprobieren**
  Le consiglio di sperimentare questa caramella contro la tosse.
  2. **erfahren, durchmachen**
  Mai prima abbiamo sperimentato un inverno così rigido.

---

extra 1. *extra, in più* (zusätzlich)
  Ci dia una porzione di patatine extra, per favore.
  2. *separato/a, a parte* (gesondert)
  Si sono incontrati in una stanza a parte.
  3. *appositamente, apposta per qu.* (eigens für jdn.)
  Questo vestito è stato cucito apposta per lei.
  4. *di proposito, apposta* (vorsätzlich)
  Non te l'ho detto apposta per farti una sorpresa.

extra PFF 1. **zusätzlich** (s. o. 1)
  2. **besonderer, Spitzen-**
  Ci ha offerto un vino extra.

F

Fabel *la favola* (auch fig.)
Le favole di Esopo si leggono ancora oggi.

la favola PFF   1. **(Lehr-)Fabel** (s.o.)
2. **Märchen** (auch fig.)
Non ci credere, secondo me ti ha raccontato un sacco di favole.
Auch: *essere la favola della città*: **Stadtgespräch sein**

la fiaba   **Märchen**
Ai bambini piace ascoltare le fiabe dei fratelli Grimm.

Fakt *il fatto* (Tatsache)
Un reportage giornalistico deve basarsi sui fatti.

il fatto PFF   1. **Fakt** (s.o.)
2. **Tat**; auch: (RECHT) **Tatbestand**
Smettila di discutere, passa ai fatti.
3. **Ereignis, Vorfall**
Ieri sera è successo un fatto terribile.
4. **Angelegenheit, Sache**
L'ho pregato di farsi i fatti suoi.

Fall 1. *la caduta*
Dopo la caduta del muro la città di Berlino è cambiata molto.
2. *il caso* (auch RECHT/MED.)
In questo caso ti consiglio di consultare un medico.

il fallo

1. **Fehler, Irrtum** (Person), **Mangel** (Sache)
Non aver chiesto il suo permesso mi sembra un fallo imperdonabile.
2. **Foul** (SPORT)
Dopo il fallo il giocatore è stato escluso dalla partita.
3. **Phallus**
Nelle culture antiche il fallo era simbolo della potenza generatrice della natura.

---

familiär

1. *fami(g)liare, di famiglia* (Angelegenheiten)
Oggi non viene a lavorare per motivi familiari.
2. *confidenziale, fami(g)liare* (Atmosphäre, Ton)
Ci tiene a creare un'atmosfera familiare per i suoi ospiti.

fami(g)liare PFF

1. **familiär** (s.o. 1 und 2)
2. **vertraut, geläufig**
Luca è contento di rivedere le strade familiari della sua città di nascita.
3. **umgangssprachlich** (LING.)
Questa parola si usa solo in un linguaggio familiare.

---

fatal

1. *spiacevole, increscioso/a*
Il tuo errore mi ha messo in una situazione molto incresciosa.
2. *fatale* (Fehler; LIT.)
La nave è affondata perché il capitano ha commesso un errore fatale.

fatale PFF

1. **fatal** (s.o. 2), **verhängnisvoll**
2. **schicksalhaft, unvermeidlich**
Credo che il nostro incontro sia stato una cosa fatale.

3. **unwiderstehlich**
Questa ragazza ha degli occhi fatali.

Figur	1. *la figura, il fisico* (Körper)
	Pur mangiando molto, continua a mantenere un fisico fantastico.
	2. (fig.) *il personaggio* (Buch, Film)
	La bambina è il personaggio centrale del libro.
	3. *il pezzo* (Brettspiel)
	Nel gioco degli scacchi la regina è considerata il pezzo più potente.
	4. Auch: **eine gute/schlechte Figur machen:** *far bella/brutta figura*
la figura PFF	1. **Form**
	Quasi tutte le case hanno una figura quadrata.
	2. **Figur** (s. o. 1 und 4)
	3. (fig.) **Mensch, Gestalt**
	Quell'uomo è una figura leggendaria.
	4. **Abbildung, Bild**
	Al bambino piace guardare il libro dalle figure colorate.

Film	1. *la pellicola* (FOTO.)
	Devo sviluppare la pellicola per vedere le fotografie.
	2. *il film* (KINO, TV)
	Ieri sera abbiamo visto un film stupendo.
	3. *il cinema* (Arbeitsbereich)
	Lei lavora nell'ambito del cinema e conosce molti registi.
	4. *la pellicola, lo strato sottile* (Schicht)
	La strada è coperta di una pellicola di ghiaccio.
il film PFF	**Film** (s. o. 2)

Firma	***la ditta, l'azienda***
	Luigi lavora presso una ditta di import-export.
la firma	1. **Unterschrift, Signatur**
	Il proprietario non ha ancora messo la firma
	sotto il contratto d'affitto.
	2. **Unterzeichnung**
	Dobbiamo chiarire alcune cose prima della
	firma del documento.

Fontäne	***il getto d'acqua, lo zampillo***
	Lo zampillo della fontana si vede da lontano.
la fontana	1. **Brunnen**
	Questa fontana è famosa per le sue sculture.
	2. **Strom, Schwall**
	Dal tubo rotto esce una fontana d'acqua.

forcieren	***forzare***
	Facciamo questa cosa con calma, non bisogna
	forzare i tempi.
forzare PFF	1. **forcieren** (s.o.), **(er)zwingen**
	Da bambino i suoi genitori lo forzavano a
	mangiare carne ogni giorno.
	2. **anstrengen, strapazieren** (Stimme)
	Ho forzato la voce cantando per ore.
	3. **aufbrechen, knacken**
	I ladri hanno forzato la cassaforte e preso tutti i
	soldi.
	4. **durchbrechen** (MIL., SPORT)
	La squadra è riuscita a forzare la linea di difesa
	degli avversari.

formen   *formare* (auch fig.)
Queste esperienze hanno formato la sua personalità.

formar(si) PFF   1. **bilden, formieren**; auch: **gründen**
Questi musicisti formano l'orchestra più famosa del paese.
2. **formen** (s. o.)
3. **erziehen, (aus)bilden**
Uno dei compiti dell'università è formare dei professionisti responsabili.

Fraktion   *il gruppo parlamentare*; auch: *la frazione* (innerhalb Partei)
Alcuni membri del gruppo parlamentare non sono presenti al dibattito.

la frazione PFF   1. **(Bruch-)Teil, Fragment**; auch: **Bruch- zahl**
Solo una frazione della casa appartiene al fratello minore.
2. **Fraktion** (s. o.)
3. **Ortsteil**
Lucia abita in una frazione di Firenze.

Fresko   *l'affresco*
Amo molto gli affreschi di Piero della France- sca.

il fresco   **Kühle, Frische**
La gente si gode il fresco della sera.

Friseur   *il parrucchiere*
(Ø)
Luisa va dal parrucchiere per farsi tagliare i capelli.

Frisur (∅)	*la pettinatura* *Questa donna ha sempre delle pettinature ridicole.*

---

frivol	1. *indecente, audace* (Bemerkung), *piccante* (Witz) *Laura si è offesa a causa di una battuta indecente.* 2. *frivolo/a* (leichtfertig) *Da come si veste sembra una ragazza frivola.*
frivolo/a PFF	1. **oberflächlich, nichtig, unbedeutend** *I programmi in televisione diventano sempre più frivoli.* 2. **frivol** (s.o. 2)

Front	1. *la fronte, la facciata* (ARCH.) *La fronte della casa è dipinta di rosso.* 2. *il fronte* (MIL., Wetter) *I soldati dovettero tornare al fronte.*
la fronte	**Stirn**; auch: (fig.) **Gesicht, Haupt** *Sulla sua fronte si vedono le prime rughe.*
il fronte	**Front** (s.o. 2) Auch: *far fronte a qu./qc.*: jdm./etw. **die Stirn bieten**

Frust	*la frustrazione* *Un lavoro monotono può causare molte frustrazioni.*
la frusta	1. **(Reit-)Peitsche** *Non mi piace quando picchiano i cavalli con la frusta.* 2. **Schneebesen** *Laura sta montando la panna con la frusta.*

fulminant **brillante** (Idee), **strepitoso/a** (Erfolg)
Il giornalista ha scritto un articolo brillante
sugli attuali sviluppi della politica italiana.

fulminante 1. **Schieß-, Spreng-**
L'uomo è stato colpito da un proiettile
fulminante.
2. **tödlich** (MED.)
Sua nonna è morta a causa di una polmonite
fulminante.
3. (fig.) **vernichtend, (durch)bohrend**
(Blick)
Laura lo ha guardato con uno sguardo
fulminante.

Funktion **la funzione** (Aufgabe, berufliche Position,
Rolle)
Nella sua funzione di sindaco può decidere del
futuro della città.

la funzione PFF 1. **Funktion** (s.o.)
2. **Gottesdienst, Messe**
Non si può visitare la chiesa durante le
funzioni.
Auch: **la f. legislativa: Gesetzgebung;**
la f. giurisdizionale: Rechtsprechung

Funktionär/in **il funzionario / la funzionaria** (Gewerk-
schaft, Sport, Partei)
I funzionari sindacali trattano con le aziende.

il funzionario / la funzionaria PFF 1. **höhere/r Angestell-**
te/r, Manager/in
L'azienda ha aumentato il salario a tutti i
funzionari.

2. Beamter/Beamtin
Lui lavora come funzionario presso il Ministero delle Finanze.
3. Funktionär/in (s.o.)

G

Galeere (HIST.) **_la galera_**
Le galere furono usate in tutto il Mar Mediterraneo fin dai tempi dei Greci.

la galera PFF 1. **Gefängnis, Knast**
Spero che finisca in galera per quel cha ha fatto.
2. **Galeere** (s.o.)

Galerie **_la galleria_** (ARCH., KUNST)
La galleria ha venduto tutti i quadri dell'artista.

la galleria PFF 1. **Tunnel, Gang, Schacht**
La galleria stradale del San Gottardo collega il canton Uri col canton Ticino.
2. **Passage**
Al centro di Milano si trovano la Galleria, il Duomo e il Teatro alla Scala.
3. **Rang** (THEA.)
All'opera abbiamo dei posti in seconda galleria.
4. **Galerie** (s.o.)

Garten **_il giardino; l'orto_** (Gemüse); **_il frutteto_** (Obst)
Vi preparo un piatto con le verdure del mio orto.

il giardino PFF 1. **(Zier-)Garten** (s.o.)
2. (Pl.) **Park**
La famiglia ha fatto una passeggiata ai giardini pubblici.

Gastronom/in   *il gestore / la gestrice*
> *Il gestore di questo ristorante è famoso in tutta la città.*

il gastronomo / la gastronoma   **Kenner/in der Kochkunst, Feinschmecker/in, Gourmet**
> *Marco è un vero gastronomo, mangia solo nei ristoranti migliori.*

Generation   *la generazione*
> *Mia nonna appartiene ad un'altra generazione.*

la generazione PFF   1. **(Er-)Zeugung**
> *Lo scopo delle celle solari è la generazione di energia.*
2. **Generation** (s. o.)

Genre   *il genere* (Künste)
> *La poesia è uno dei generi letterari meno apprezzati dal vasto pubblico.*

il genere PFF   1. **Art, Weise, Sorte**
> *Quale genere di musica ti piace?*
2. **Geschlecht, Rasse** (fig.), **Gattung**
> *Un pesce e un gatto non fanno parte dello stesso genere.*
3. **Gattung, Genre** (s. o.)
4. (Pl.) **Mittel, Waren, Artikel**
> *Il negozio vende generi di lusso.*

Globus   *il globo, il mappamondo* (Modell)
> *Per sapere la posizione geografica dei continenti puoi guardare il mappamondo.*

il globo PFF

1. **Kugel**
Laura prende delle pastiglie a forma di globo.
Auch: *il globo oculare*: **Augapfel**
2. **Erde, Welt**
Quando avrà finito la scuola farà un giro del globo.
3. **Globus** (s.o. 1)

Golf

1. *il golfo* (Bucht)
Il golfo di Napoli è un luogo ancora molto bello.
2. *il golf* (SPORT)
Da quando è in pensione ha cominciato a giocare a golf.

il golf PFF

1. **Golf** (s.o. 1 und 2)
2. **Strickjacke, Pullover**
Fa freddo, è meglio se metti un golf sopra la camicia.

Grazie

la grazia (Anmut)
La ballerina si muove con molta grazia.

la grazia PFF

1. **Anmut, Grazie** (s.o.)
2. **Gnade, Heil** (REL.)
I cristiani si appellano alla grazia di Dio con la preghiera.
3. **Begnadigung** (RECHT)
Alla fine il condannato ha ottenuto la grazia.
4. **Gefallen, Gunst**
Ti prego, fammi questa grazia e aiutami!

Gummi

1. *la gomma* (Material)
Se piove è meglio mettere le scarpe con suole di gomma.

2. *l'elastico* (Band)
La ragazza si lega i capelli con un elastico.
3. *il preservativo*
Usare il preservativo previene la diffusione di virus contagiosi come l'HIV.

la gomma PFF   1. **Gummi** (s.o. 1); auch: **Radier-, Kaugummi**
2. **Reifen**
Oggi ho cambiato le gomme della macchina.

Gymnasium   1. *il liceo (classico, scientifico, artistico)*
Al liceo i ragazzi si preparano per la maturità.
2. *il ginnasio* (Unterstufe des humanistischen G.)

il ginnasio PFF   **Gymnasium** (s.o. 2)
Dopo la scuola elementare i bambini possono andare al ginnasio.

H

(sich) habilitieren   *abilitar(si); concedere/conseguire la libera docenza* (UNIV.)
Anna ha conseguito la libera docenza presso un professore dell'Università di Bologna.

abilitare   **befähigen**
L'esame per la patente abilita alla guida di un autoveicolo.

abilitar(si) PFF   1. **berechtigen, (sich) qualifizieren, die Approbation erteilen/erhalten**
Dopo essersi abilitato, Luca ha aperto uno studio medico.
2. **(sich) habilitieren** (s.o.)

Halle   *l'atrio* (Bahnhof); *il capannone* (Fabrik, Lager); *il padiglione* (Messe); *la hall* (Hotel); *la palestra* (SPORT)
Nell'atrio della stazione sono appesi gli orari dei treni.

la hall   (Eingangs-)Halle (s.o.)
Ci incontriamo tutti nella hall per poi uscire insieme.

---

halluzinierend   (Part. Präs.) *allucinante*
Avendolo trovato in uno stato allucinante, l'hanno subito portato in ospedale.

allucinante PFF   1. **sehr beeindruckend, unfassbar, verstörend**
Al telegiornale hanno fatto vedere delle immagini allucinanti.
2. **halluzinierend** (s.o.)

horrend	*esorbitante, spaventoso/a* *Ho pagato una cifra esorbitante per far riparare la macchina.*
orrendo/a	**schrecklich, entsetzlich, grässlich** *Il giornale parla di un orrendo delitto.*

hospitieren	*fare uno stage*; auch: *assistere alla lezione* *Ieri ho assistito alla lezione di tedesco come auditore.*
ospitare	**beherbergen, Gastgeber sein** *Il weekend scorso abbiamo ospitato i genitori di Paolo.*

human	1. *umano/a* (menschenwürdig) *Manifestiamo perché i profughi siano trattati in modo umano.* 2. *umano/a, benevolo/a* (menschenfreundlich) *Il direttore dell'azienda è molto umano.*
umano/a PFF	1. **menschlich, Menschen-** *L'associazione si impegna per i diritti umani.* 2. **human** (s.o. 1 und 2)

Humor	*il senso dell'umorismo* *È stata un'esperienza dura, ma non gli ha fatto perdere il senso dell'umorismo.*
l'umore m.	1. **Laune, Stimmung** *Sembra che tu sia di ottimo umore, continui a ridere.* 2. **Charakter, Wesen** *Luca ha un umore molto suscettibile, è meglio non criticarlo troppo.*

I

---

ignorieren   ***ignorare***
*Non mi ha rivolto una sola parola, mi ha
ignorato completamente.*

ignorare PFF   1. **nicht kennen, nicht wissen**
Ignoravo che tua sorella si fosse fidanzata.
2. **ignorieren** (s. o.)

---

importieren   ***importare***
*I negozianti tedeschi importano l'olio d'oliva
dall'Italia.*

importare PFF   1. **importieren** (s. o.); auch: (fig.) **einführen**
2. **bedeuten, jdm. an etw./jdm. gelegen
sein, interessieren**
*L'unica cosa che gli importa è che tutto vada
per il meglio.*
3. **nötig, wichtig sein**
*Non importa che vi disturbiate, possiamo farce-
la da soli.*

---

impotent   ***impotente*** (MED.)
Il fatto di essere impotente lo fa soffrire molto.

impotente PFF   1. **machtlos, ohnmächtig**
*Il governo è impotente di fronte al problema
della corruzione.*
2. **unfähig, wirkungslos**
*Mi hanno sottoposto a una cura impotente che
non ha avuto effetti.*
3. **impotent** (s. o.)

infantil	(pej.) *infantile*
	Si comporta in modo infantile, non riesco
	proprio a prenderlo sul serio.
infantile PFF	1. **Kinder-, kindlich**
	La libreria offre una vasta scelta di letteratura
	infantile.
	2. **kindisch, infantil** (s.o.)

initiieren	1. *dare vita (a qc.), avviare*
	Queste persone hanno dato vita a un nuovo
	progetto televisivo.
	2. *iniziare* (einführen, auch fig.)
	Mia nonna mi ha iniziato alla musica classica.
iniziare PFF	1. **anfangen, beginnen**
	Lo spettacolo inizia alle ore 20.
	2. **initiieren** (s.o. 1 und 2)

inserieren	*fare un'inserzione, inserire*
	Per trovare casa hanno fatto un'inserzione sul
	giornale.
inserire PFF	1. **(hinein)stecken, anschließen**
	Per accendere la luce bisogna inserire la spina
	della lampada nella presa.
	2. **einfügen, hinzufügen**
	Ho inserito qualche altra frase nel mio articolo.
	3. **inserieren** (s.o.)
inserirsi	1. (fig.) **sich einfügen, -leben**
	Dopo il trasloco i bambini si sono inseriti bene
	nella scuola nuova.
	2. **sich einmischen**
	Paolo si è inserito nella nostra conversazione
	senza che glielo chiedessimo.

inspirieren   *ispirare*
La vista del mare lo ispira a scrivere una
poesia.

inspirare   **einatmen**
I bambini non devono inspirare il fumo.

ispirare PFF   1. **einflößen, erwecken**
Quando l'ho visto mi ha subito ispirato
simpatia.
2. **inspirieren** (s.o.)
3. **anziehen,** (ugs.) **gefallen**
Questo film non ispira proprio, non voglio
vederlo.
4. **beeinflussen**
Il suo comportamento è evidentemente ispirato
dalla madre.

Instruktion   *l'istruzione*
Prima di cominciare gli operai aspettano le
istruzioni del loro capo.

l'istruzione f. PFF   1. **Bildung, Wissen**
Lei conosce tutta la letteratura italiana, ha una
buona istruzione.
2. **(Schul-, Aus-)Bildung, Unterricht**
Una buona istruzione scolastica è importante
per il futuro dei ragazzi.
3. **Anleitung, Instruktion** (s.o.)
4. **Gebrauchsanweisung, Bedienungs-**
anleitung; auch: **Packungsbeilage**
Ricordati di leggere le istruzioni prima di
prendere la medicina.

intensiv
1. *intenso/a, forte*
Questo piatto ha un sapore molto intenso.
2. *intensivo/a* (Kurs, MED.)
Ho deciso di fare un corso intensivo di
spagnolo.

intensivo/a PFF **intensiv** (s.o. 2)

Interpret/in
l'interprete m./f. (MUS., THEA.)
Il pianista è uno dei migliori interpreti
di Bach.

l'interprete m./f. PFF
1. **Dolmetscher/in**
Lavora come interprete presso il Parlamento
europeo.
2. **Interpret/in** (s.o.), **Darsteller/in,
Schauspieler/in**

---

investieren
investire (ÖKON.; auch fig.)
Il ricercatore ha investito tutti i suoi risparmi in
questo progetto.

investire PFF
1. **an-, um-, überfahren**
Un pedone è stato investito da una macchina.
2. **verleihen, mit etw. betrauen**
Il commissario è stato investito delle indagini.
3. **angreifen**; auch: (fig.) **überschütten,
bestürmen**
Il deputato è stato investito di domande dai
giornalisti.
4. **investieren** (s.o.)

---

irritieren
1. (ugs.) *confondere*
Questo rumore mi confonde, non riesco a
concentrarmi.

2. *irritare, dar fastidio a qu.*
Mi irrita molto questo suo comportamento scortese.

irritare PFF 1. **irritieren** (s. o. 2), **ärgern**
2. **reizen, entzünden**
Questo docciaschiuma irrita la pelle.

J

Jubiläum	1. *l'anniversario* (runder Geburtstag, Jahrestag) *Abbiamo festeggiato il ventesimo anniversario della nostra associazione.* 2. *il cinquantenario, il giubileo* (Fünfzigjahrfeier) 3. *il centenario* (Hundertjahrfeier)
il giubileo PFF	1. **Jubeljahr, Heiliges Jahr** *Quest'anno a Roma il Papa celebra il giubileo.* 2. **Fünfzigjahrfeier, fünfzigster Jahrestag** (s. o. 2)

Justiz	*la giustizia* (Gerichtsbarkeit), *l'autorità giudiziaria* (Behörden) *Dopo l'arresto è stato consegnato alla giustizia.*
la giustizia PFF	1. **Gerechtigkeit, Recht** *Le vittime chiedono giustizia per quello che è successo.* 2. **Justiz(behörde), Gerichtsbarkeit** (s. o.), **Gericht**

K

Kabinett	***il gabinetto, il governo*** (POL.)
	Il gabinetto è formato dai ministri.
il gabinetto PFF	1. **Toilette, Klo**
	C'è una fila davanti al gabinetto.
	2. **Kabinett** (S.O.)
	3. **Saal, Raum, Arbeitszimmer**
	Il professore si è rinchiuso nel suo gabinetto.
	Auch: ***il gabinetto medico*: Arztpraxis**

Kadaver	***la carogna*** (Tier); ***il cadavere*** (pej., Mensch)
	Alcuni uccelli si nutrono di carogne.
il cadavere PFF	**Leiche, Kadaver** (S.O.)

kalt	***freddo/a***
	È un vento freddo d'inverno.
caldo/a	**warm, heiß**
	Vorrei mangiare un piatto caldo.

Kamera	***la macchina fotografica*** (FOTO.); ***la telecamera*** (TV); ***la cinepresa*** (KINO)
	La mia macchina fotografica fa delle foto molto belle.
la camera	1. **Zimmer, Raum**
	Nella camera degli ospiti ci sono due letti.
	2. **Kammer, Haus** (ÖKON., POL.)
	Il Parlamento italiano è costituito dalla Camera dei deputati e dal Senato.
	Auch: ***la musica da camera*: Kammermusik**

Kampagne	***la campagna***
	Il Ministero della Sanità ha lanciato una nuova campagna contro il fumo.
la campagna PFF	1. **Land**; auch: **Ackerland, Feld(er)**
	Sempre più persone decidono di vivere in città lasciando la campagna.
	2. **Kampagne** (s.o.); auch: **Feldzug** (MIL.)

kampieren	***accamparsi***
	Il contadino ha permesso loro di accamparsi sul suo terreno.
campare	1. **leben**
	Spero che mio nonno camperà ancora a lungo.
	2. **(sich) durchbringen, -schlagen**
	Con lo stipendio che prende riesce appena a campare.

Kanister	***la tanica, il bidone***
	Nella macchina abbiamo una tanica di benzina.
il canestro	**Korb**
	Le ho regalato un canestro pieno di frutta.
	Auch: *Il giocatore è riuscito a fare un canestro.*
	(***la pallacanestro***: Basketball)

Kanne	***il bricco***; auch: ***la caffettiera*** (Kaffee), ***la teiera*** (Tee)
	Sul tavolo ho messo la caffettiera e un bricco di latte.
la canna	1. **Rohr, Stock, Stange**
	Questa sedia è fatta di canne di bambù.
	2. **Lauf** (Gewehr)
	Il soldato ha puntato la canna del fucile contro il nemico.

3. (ugs.) **Joint**
I ragazzi vanno al parco a fumarsi una canna.

Kante	***lo spigolo*** (Bett, Stuhl)

Nel buio ha urtato uno spigolo del letto.
il bordo, l'orlo (Stoff)
Devo cucire l'orlo della tovaglia.

il canto   1. **Singen, Gesang**
Il canto proviene dalla chiesa.
2. **Gedicht, Gesang** (LIT.)
Questo è uno dei canti più famosi della «Divina Commedia».
Auch: ***dall'altro canto:*** andererseits; ***dal canto mio:*** ich für meinen Teil, meinerseits

---

Kantine   ***la mensa***
La mensa dell'università è abbastanza buona.

la cantina   1. **Keller**
Mettiamo le biciclette in cantina.
2. **Kellerei** (Wein, Sekt)
Questo vino proviene da una delle migliori cantine del paese.

Kapelle   1. ***la cappella*** (REL.)
Si sono sposati nella cappella situata sul colle.
2. ***la banda, l'orchestrina*** (MUS.)
Mentre la banda suonava, molte persone ballavano.

la cappella PFF   1. **Kapelle** (S.O. 1)
2. **Kirchenorchester und -chor**
Ogni anno, prima di Natale, la cappella canta l'oratorio.

Karte

1. *il biglietto* (Eintritts-, Fahr-, Visiten-)
Devo ancora prendere un biglietto per il treno.
2. *la cartolina* (Post)
Sulla cartolina si vede Piazza San Marco a Venezia.
3. *la scheda* (Kartei)
Ha preparato il discorso usando delle schede.
4. *la carta* (Spiel-, Land-)
Per la gita ci serve una carta geografica.
Auch: **die gelbe/rote Karte** (SPORT): *il cartellino giallo/rosso*

la carta PFF

1. **Papier**
Ho preso un foglio di carta e gli ho scritto una lettera.
2. **Karte** (s. o. 4)
3. (Pl.) **Unterlagen, Papiere**
Avendo le carte in regola ha potuto passare il confine senza problemi.
4. **Charta, Konvention**
La carta delle Nazioni Unite entrò in vigore nel 1945.

Kasino

1. *il casinò*
Durante la sua visita al casinò ha perso moltissimi soldi.
2. *la mensa* (Speiseraum)
A pranzo i colleghi vanno a mangiare in mensa.

il casino

1. (ugs.) **Lärm, Krach**
Smettetela di far casino, non riesco a concentrarmi!
2. (fam.) **Durcheinander, verwickelte Lage**
Ha combinato un casino e adesso non sa come risolvere il problema.

3. (ugs.) **Bordell, Puff**
Questo quartiere è pieno di casini.
Auch: (ugs.) *questa musica mi piace un casino:*
diese Musik gefällt mir sehr

Kasse   1. *la cassa* (Geldaufbewahrung, Geschäft, Bank)
Prima di ordinare dobbiamo fare lo scontrino alla cassa.
2. *la biglietteria* (Eintritt), *il botteghino* (THEA., KINO)
Abbiamo fatto la fila alla biglietteria del museo.
Auch: **Krankenkasse:** *la (cassa) mutua*

la cassa PFF 1. **Kasse** (s.o. 1)
2. **Kiste, Kasten**
Per trasportare le verdure al mercato hanno usato delle casse di legno.
3. **Sarg**
Questo falegname fa anche casse da morto.
4. **Lautsprecher(box)**
Andiamo via dalla cassa, il volume è troppo alto.
Auch: *la cassa toracica:* **Brustkorb**

Kassette   1. *la (video-, audio-)cassetta*
Stasera ci vediamo un film in cassetta a casa.
2. *il cofanetto* (Geld, Schmuck)
Molte donne mettono i gioielli di famiglia in un cofanetto.

la cassetta PFF 1. **Kasten, Kiste**
Per la festa compro due cassette di birra.
2. **(Video-, Musik-)Kassette** (s.o. 1)

il cassetto   **Schublade**
Questo armadio mi piace perché ha molti cassetti.
Auch: *il cassettone:* **Kommode**

Kavalier	**il cavaliere, il gentiluomo**
	Lui sì che sa come comportarsi, è un vero cavaliere!
	Auch: **Kavaliersdelikt:** *il peccatuccio*
il cavaliere PFF	1. **Reiter**; auch: **Jockey**
	È un cavaliere molto esperto ed ha già vinto diversi premi.
	2. **Ritter**; heute: (fig.) **Ordensträger**
	Molti tedeschi non sanno che Silvio Berlusconi è stato nominato «Cavaliere del lavoro».
	3. (fig.) **Kavalier** (s.o.)
	4. (fig.) **Begleiter, Tanzpartner**
	Per il tango ho un cavaliere fisso.

Kiosk	**il chiosco** (Verkaufsbude); **l'edicola** (Zeitungen)
	Ho preso una bottiglia d'acqua al chiosco.
il chiosco PFF	1. **Kiosk** (s.o.)
	2. **Pavillon, Laube**
	In questo parco c'è un chiosco dell'800.
	Auch: **il chiosco dei gelati:** Eisbude

Klient	**il cliente** (Steuer, Anwalt)
	L'avvocato ha consigliato al suo cliente di sporgere denuncia.
il cliente PFF	1. **Kunde, Gast**
	Al nostro albergo non mancano i clienti.
	2. **Patient, Mandant, Klient** (s.o.)

kollaborieren	**collaborare** (POL.)
	Durante la guerra ha collaborato con le forze nemiche.

collaborare PFF 1. **zusammenarbeiten**
Per questo progetto collaboriamo con un'altra azienda.
2. **mitarbeiten** (an etw.), **mitwirken**
Lo scrittore collabora con «La Repubblica».
3. **kollaborieren** (s.o.)

Kolumne **la colonna** (TYPOGR.), **la rubrica** (JOURN.)
Mi piace leggere la rubrica settimanale di questo giornalista.
la colonna PFF 1. **Säule**; auch: (fig.) **Stütze**
Le colonne sostengono il tetto del tempio.
2. **Kolumne** (s.o.), **Spalte**
3. **Kolonne, Zug**
La colonna di soldati attraversa la piazza.
Auch: *la colonna sonora:* **(Ton-)Spur, Filmmusik**

---

kombinieren 1. *combinare, abbinare*
Non ti consiglierei di abbinare questi due colori.
2. *fare una deduzione, arrivare ad una conclusione*
Partendo dagli indizi il commissario è arrivato alla conclusione giusta.
combinare PFF 1. **kombinieren** (s.o. 1)
2. **in Einklang bringen, verbinden**
Il presidente deve cercare di combinare le posizioni dei membri del partito.
3. **arrangieren, organisieren**
Vogliamo combinare una festa per il prossimo fine settimana.
4. **abschließen, zustandebringen**
Ieri sono riuscito a combinare un buon affare.

5. (ugs.) **anstellen, anrichten**
Guarda che cosa ha combinato quel ragazzo!

---

komisch	1. *buffo, comico*
	All'attore piacciono i ruoli buffi.
	2. *strano/a, bizzarro/a*
	Non mi fido di lui, è davvero un tipo strano.
comico/a PFF	**lustig, witzig, komisch** (s.o. 1)

Komma	*la virgola*
	Tra queste due frasi ci vuole una virgola.
il comma	**Absatz, Paragraph** (RECHT)
	La spiegazione si trova nel secondo comma del terzo articolo del codice civile.

Kommission	1. *la commissione*
	A causa dello scandalo è stata nominata una commissione d'inchiesta.
	2. **etw. in Kommission geben**: *dare qc. in conto vendita*
la commissione PFF	1. **Kommission** (s.o. 1), **Ausschuss**
	2. (meist Pl.) **Besorgung, Einkauf**
	Ogni venerdì vado a fare le commissioni al mercato.
	3. **Auftrag, Bestellung**
	Il pittore ha dipinto questo quadro su commissione.
	4. **Provision**
	Per poter affittare la casa, dobbiamo pagare una commissione all'agente immobiliare.

kommunizieren 1. *comunicare* (sich verständigen)

>   *Oggi la maggior parte delle persone comunica via e-mail.*

>   2. *comunicare* (mitteilen, bekanntgeben)

>   *Il portavoce ha comunicato la decisione del governo.*

comunicare PFF 1. **kommunizieren** (s. o. 1 und 2)

>   2. **(mit etw.) verbunden sein**

>   *La mia stanza comunica con la cucina.*

comunicarsi *sich verbreiten, ausbreiten*

>   *Il panico si comunica tra la folla.*

Kompanie *la compagnia* (MIL., ÖKON.)

>   *Il comandante di compagnia ha dato il comando di fermarsi.*

la compagnia PFF 1. **Gesellschaft**

>   *Mi vuoi fare compagnia stasera?*

>   2. **Gruppe, Team**

>   *Si incontrano in compagnia per andare a correre.*

>   3. **Kompanie** (s. o.)

>   4. **Ensemble, Schauspieltruppe**

>   *Lo spettacolo è stato messo in scena da una compagnia di Parigi.*

Kompass 1. *la bussola*

>   *Bisogna controllare che l'ago della bussola indichi il nord.*

>   2. *il compasso* (LUFT-, SCHIFFFAHRT)

>   *Il compasso è una bussola magnetica usata sulle navi.*

il compasso PFF 1. **Zirkel**
Nelle lezioni di matematica si impara ad usare il compasso.
2. **(Bord-)Kompass** (S. O. 2)

Kondition 1. (Pl.) *le condizioni*
L'imprenditore non ha accettato le condizioni di vendita.
2. *la forma, la condizione* (MED., SPORT)
Il giocatore non si trova in buona condizione fisica.

la condizione PFF 1. **Bedingung, Voraussetzung**; auch: **Kondition** (S. O. 1)
Le condizioni per presentarsi al concorso sono davvero rigide.
2. **Zustand, Verfassung** (s. auch O. 2)
3. **Bedingungen, Umstände, Lage**
La condizione economica del paese si sta aggravando.
4. **Stand, Rang**
In Germania la condizione sociale di un bambino influisce sulla sua carriera scolastica.
Auch: *essere di condizione agiata*: **wohlhabend sein**

Konferenz 1. *la riunione, il consiglio di classe*
Al momento il mio collega è in riunione con il nostro capo.
2. *la conferenza* (KULTUR, ÖKON., POL.)
A Genova si terrà una conferenza internazionale.

la conferenza PFF　1. **Vortrag, Lesung**
　　　　　　Voglio andare alla conferenza di Roberto
　　　　　　Saviano.
　　　　　　2. **Konferenz** (s.o.); *la conferenza al vertice:*
　　　　　　Gipfeltreffen

Konfession　　*la confessione*
　　　　　　In Germania ci sono tante persone di confes-
　　　　　　sione protestante.
la confessione PFF　1. **Geständnis** (auch RECHT)
　　　　　　Senza la sua confessione non avrebbero potuto
　　　　　　provare la colpa dell'imputato.
　　　　　　2. **Beichte**
　　　　　　Nella chiesa cattolica si va dal sacerdote per la
　　　　　　confessione.
　　　　　　3. **Konfession** (s.o.)

Konfetti　　　(nur Pl.) *i coriandoli*
　　　　　　A carnevale si lanciano i coriandoli.
i confetti (Pl.)　1. **Konfekt** (Zuckerwaren)
　　　　　　Ai matrimoni si offrono tradizionalmente i
　　　　　　confetti alle mandorle.
　　　　　　2. **Dragee, Tablette** (MED.)
　　　　　　Questo medicinale è venduto in confezioni da
　　　　　　30 confetti.

Konjunktur　　*la congiuntura* (ÖKON.)
　　　　　　Grazie alle misure prese, la congiuntura in
　　　　　　Italia è di nuovo in ascesa.
la congiuntura PFF　1. **Verbindungsstelle, Gelenk**
　　　　　　Cadendo si è fatto male alla congiuntura della
　　　　　　mano.

2. **Umstand, Gelegenheit**
Abbiamo trovato casa grazie ad una con-
giuntura favorevole.
3. **Konjunktur** (s.o.); auch: **schwache Konjunktur, Krise**

---

konkurrieren   *concorrere, competere*
Ho spedito il manoscritto per concorrere al premio letterario.

concorrere PFF   1. **beitragen, mitwirken, sich beteiligen**
L'investore privato concorre all'impresa con una cifra considerevole.
2. **konkurrieren** (s.o.), **sich bewerben**

Konkurs   1. *il fallimento, la bancarotta* (ÖKON., RECHT)
Gli impiegati hanno perso il lavoro a causa del fallimento dell'azienda.
2. *il procedimento fallimentare* (RECHT)
Il tribunale ha aperto il procedimento fallimentare.

il concorso   1. **Wettbewerb, Ausschreibung**
Il pianista ha vinto un concorso molto importante.
2. **Beitrag, Beteiligung**
Il concorso della gente all'azione pubblica fu scarso.
3. **Andrang, Auflauf, Zusammentreffen**
La polizia ha chiuso la piazza a causa del concorso di manifestanti.
4. **Wettkampf**
L'atleta non potrà partecipare al concorso.
Auch: *il concorso a premi*: **Preisausschreiben**

konsequent 1. *conseguente, coerente* (folgerichtig)
Il tuo comportamento non è conseguente alle tue parole.
2. *fermo/a, determinato/a, costante*
Il progetto può essere realizzato solo grazie all'impegno costante dei collaboratori.

conseguente PFF 1. **(darauf)folgend, Folge-**
Le reazioni conseguenti alla dichiarazione del direttore furono molto forti.
2. **sich ergebend, herrührend**
Il giornalista ha criticato i risultati conseguenti ad una politica secondo lui sbagliata.
3. **konsequent** (s. o. 1)

---

konstruieren *costruire* (TECH., MATH., GRAMM.)
Gli ingegneri hanno costruito un nuovo modello di aereo.
Auch: (pej.) **ein konstruierter Fall:** *un caso costruito*

costruire PFF 1. **konstruieren** (s. o.)
2. **(er-, auf-, zusammen)bauen, errichten** (auch fig.)
Nei dintorni della città hanno costruito molte case nuove.

---

konsumieren *consumare*
I tedeschi consumano molta carne.

consumare PFF 1. **verbrauchen**
La popolazione dei paesi occidentali consuma troppa energia.
2. **abnutzen, ruinieren, vergeuden**
Il ragazzo deve smettere di consumare il suo tempo con i videogiochi.

3. **konsumieren** (s.o.), **verzehren**
4. (fig.) **begehen, vollziehen**
*Il furto è stato consumato di notte e perciò
nessuno ha potuto vedere i ladri.*

Kontrast   *il contrasto*
*In questa foto c'è un forte contrasto di luce e
ombra.*

il contrasto PFF 1. **Kontrast** (s.o.), **Gegensatz**
2. **Meinungsverschiedenheit, Streit**
*Prima di arrivare ad un accordo dobbiamo
superare i nostri contrasti.*

---

konvertieren   *convertirsi* (REL.)
Il cantante si è convertito all'islam.

convertire PFF 1. **verwandeln**
*Con questo freddo la pioggia si è convertita in
neve.*
2. **konvertieren** (s.o.), **bekehren** (auch
fig.)
3. **umtauschen**
*Prima di andare negli Stati Uniti ho convertito
cento euro in dollari.*

Konzept   1. *l'abbozzo, la traccia*
*Ha parlato per due ore a mano libera senza
appoggiarsi ad alcuna traccia.*
2. *il progetto, il piano*
*Dobbiamo elaborare un piano per ottenere
l'incarico.*
Auch: **jdn. aus dem Konzept bringen:**
far perdere il filo a qu.

il concetto
1. **Gedanke**
Questo romanzo è pieno di concetti nuovi e interessanti.
2. **Meinung, Vorstellung**
Il mio concetto di convivenza si basa sulla divisione dei lavori di casa.
3. **Auffassung, Konzeption, Begriff**
Il filosofo spiega il suo concetto di giustizia.

Kostüm
1. *il costume, la maschera* (Verkleidung)
Devo ancora trovare una maschera per carnevale.
2. *il tailleur*
Di solito si Maria veste sportiva, ma oggi ha un tailleur veramente elegante.

il costume PFF
1. **Kostüm** (s. o. 1); auch: **Tracht**
Auch: *il costume da bagno*: Badeanzug
2. **Sitte, (Ge-)Brauch, Gewohnheit**
Bisogna conoscere i costumi di un paese per evitare equivoci.
3. **Anstand, Sitte**
Il buoncostume richiede la tua presenza alla festa.

Kotze (vulg.)
il vomito
L'odore nella stanza le faceva venire il vomito.

le cozze (Pl.)
Miesmuscheln
Nella Francia del Nord e in Belgio le cozze si mangiano molto.

Krimi(nalroman)
(Ø)
il giallo, il romanzo poliziesco
Mi piace leggere i gialli di De Cataldo.

kultiviert	1. *colto/a, istruito/a, educato/a* *Il professore di filosofia è un uomo molto colto.* 2. *raffinato/a, distinto/a* (Geschmack) *Da come ha arredato la sua casa si vede che ha un gusto raffinato.*
coltivato/a	1. **bestellt, bebaut, Anbau-** *È una zona fertile piena di campi coltivati.* 2. **gezüchtet, Zucht-** *Per le collane si usano le perle coltivate.*

Kur	*la cura, il trattamento* *Luisa è andata alle terme per una cura di due settimane.*
la cura PFF	1. **(Für-)Sorge, Pflege, Aufmerksamkeit** *La ragazza si prende cura della nonna malata.* 2. **Sorgfalt** *Questo lavoro deve essere fatto con cura.* 3. **Kur, Behandlung** (MED., s.o.); auch: **Thermalbad**

kurieren	*guarire* (MED.) *Il medico è riuscito a guarire il paziente grazie al nuovo medicinale.*
curare PFF	1. **sich kümmern (um), sorgen (für), auf etw. aufpassen** *Non credo sia compito mio curare i tuoi interessi.* 2. **betreuen, herausgeben, veranstalten** (Buch, Ausstellung, Festival) *È la prima mostra che ha curato lei.* 3. **behandeln, versorgen** (MED.) *Questa ferita va curata subito.* 4. **kurieren** (s.o.), **heilen**

kurios	***curioso, strano, insolito***
	Ieri sera è successo un fatto proprio curioso.
curioso PFF	1. **neugierig**
	Gli ho detto di non essere così curioso e di farsi gli affari suoi.
	2. **kurios** (s.o.)

Kurs	1. ***la rotta*** (LUFT-, SCHIFFFAHRT); auch: (fig.) *il corso*
	A causa del tempo la nave ha dovuto cambiare rotta.
	2. ***il corso, la quotazione*** (FINANZ.)
	Il corso del dollaro si è ormai stabilizzato.
	3. *il corso* (SCHULE, UNIV.)
	Durante il corso di tedesco non ha mai aperto bocca.
il corso PFF	1. **Lauf, Verlauf** (auch fig.)
	Nel corso dei secoli la città è molto cambiata.
	2. **Kurs** (s.o. 1, 2, 3)
	3. **Prachtstraße, Korso**
	In Corso Magenta ci sono palazzi splendidi.
	4. **Umzug, Festzug, Korso**
	A carnevale ci sarà un corso in centro.

L

labil	1. *instabile, malfermo/a* (Gleichgewicht, Gesundheit) *Già da ragazza Laura aveva una salute malferma.* 2. *volubile* (Charakter) *Luca è una persona volubile, cambia opinione in continuazione.*
labile	**vergänglich, flüchtig** *La felicità purtroppo è una cosa labile.*

Lametta	(Pl.) *i fili d'argento* *L'albero di Natale era coperto di fili d'argento.*
la lametta	**(Rasier-)Klinge** *Luca si rade la barba con la lametta.*

Lampion	*il lampioncino* *Per la festa in giardino hanno appeso dei lampioncini colorati.*
il lampione	**(Straßen-)Laterne, -Lampe** *La strada è molto buia senza la luce dei lampioni.*

Latte	1. *l'assicella, la stecca* (Zaun) *Il bambino cerca d'infilarsi tra le stecche del recinto.* 2. *la traversa* (SPORT) *Non è stato un goal, la palla ha colpito la traversa.* Auch: (fig.) **eine lange Latte: *uno spilungone*** *Luca è uno spilungone, lo si vede subito nella folla.*

la latta	1. **Blech**
	Secondo me non dovresti fare il tetto di latta.
	2. **Kanne, Kanister**
	Nel garage c'è ancora una latta piena di benzina.
	3. **(Blech-, Konserven-)Dose**
	Mi puoi aprire la latta di acciughe?
il latte	**Milch**
	Ogni mattina beve un caffè macchiato, cioè un caffè con un po' di latte.

---

leger	*naturale, disinvolto/a*
	Mi ha salutato in modo disinvolto.
	Auch: **sich leger kleiden**: *vestirsi casual*
leggero/a	1. **leicht**
	Stavolta la mia valigia è leggera.
	2. **klein, geringfügig** (auch fig.)
	Quando parla in italiano ha solo un leggero accento tedesco.
	3. **leise, sanft, leicht**
	Nell'aria c'è un leggero odore di fiori.
	4. **leichtfertig, unstet**
	Tuo figlio è una testa leggera, non riflette mai prima di agire.

Lexikon	*l'enciclopedia*
	Lo studente va in biblioteca per consultare l'enciclopedia universale.
il lessico	1. **Wörterbuch** (vor allem alte Sprachen, Fach-)
	Mi sono comprato un nuovo lessico ebraico.
	2. **Wortschatz**
	Spero di ampliare il mio lessico parlando in italiano con gli amici.

Liga	1. *la lega* (POL.) *L'Egitto è membro della Lega araba.* 2. *la serie* (SPORT) *La mia squadra è riuscita a salire in serie A.*
la lega PFF	1. **Verband, Vereinigung** *Le leghe contadine chiedono che le sovvenzioni non siano interrotte.* 2. **Liga** (s. o. 1), **Bund** 3. **Bande, Clique** *Questo ragazzo non mi piace, lo vedo sempre in giro con una lega di delinquenti.* 4. **Meile** *«20 000 leghe sotto i mari» è il titolo di un romanzo di Jules Verne.*
Limone	*la limetta* *Ci vogliono delle limette per preparare questo cocktail.*
il limone	**Zitrone** *Mi piace il gelato al limone.*
liquidieren	1. *liquidare* (ÖKON.) *I soci hanno deciso di liquidare l'azienda.* 2. *liquidare, eliminare* (Person) *Il delinquente è stato liquidato dalla criminalità organizzata.*
liquidare PFF	1. **bezahlen, ausgleichen** *Con questo guadagno è finalmente riuscito a liquidare i suoi debiti.* 2. **ausverkaufen** *Il negozio chiude a fine mese e perciò stanno liquidando il magazzino.*

3. (fig.) **entlassen, kündigen**
La ditta ha liquidato più di cinquanta persone.
4. **liquidieren** (s.o. 1 und 2)
5. (fig.) **lösen, erledigen**
Con l'aiuto dell'avvocato sono riusciti a liquidare l'affare.

Lizenz **la licenza** (ÖKON., SPORT)
La ditta ha ottenuto la licenza per produrre il farmaco.
la licenza PFF 1. **Erlaubnis, Genehmigung**
Ci vuole una licenza per mettere i tavoli fuori del locale.
2. **Lizenz** (s.o.), **Zulassung, Patent**
3. **Urlaub** (MIL.)
Il soldato va in licenza per due settimane.
Auch: *la licenza elementare/media*: **Grund-schul-/Hauptschulabschluss**

Lotto **il lotto**
Luca gioca al lotto da vent'anni e spera ancora di vincere.
il lotto PFF 1. **Lotto(spiel)** (s.o.)
2. **Anteil**
Ogni fratello eredita un lotto del patrimonio familiare.
3. **Parzelle**
Il terreno è diviso in dieci lotti.
4. **(Waren-)Partie, Posten**
Questi prodotti si vendono solo a lotti.

luxuriös   *lussuoso/a, di lusso*
Il miliardario abita in una lussuosa villa in riva al lago.

lussurioso/a   1. **wollüstig, lüstern**
Nella tradizione cristiana del Medioevo le donne sono spesso rappresentate come esseri lussuriosi.
2. **ausschweifend**
Non è una persona modesta, ha sempre fatto una vita lussuriosa.

Lyrik   *la poesia lirica*
L'argomento della sua tesi è la poesia lirica dell'800 italiano.

la lirica PFF   1. **Lyrik** (s. o.)
2. **Oper, Opernmusik**
Pavarotti è un famoso cantante di lirica.
Auch: *la prossima stagione di lirica:* **die nächste Opernsaison**

M

Maestro   **_il maestro_** (MUS.)
Il maestro ha suonato una fuga di Bach.

il maestro PFF 1. **Meister, Experte**
Questo panettiere è un vero maestro nel preparare le torte.
2. **Maestro** (S.O.)
3. **Meister** (Handwerk)
Lui è maestro orefice e sa creare dei gioielli bellissimi.
4. **(Grundschul-)Lehrer(in), Kindergärtner(in), Erzieher(in)**
Mi ricordo ancora bene la mia maestra delle elementari.

Magazin   1. **_il magazzino, il deposito_**
Nel retro del negozio c'è un magazzino pieno di merci.
2. **_il caricatore_** (Waffe)
Il cacciatore ha introdotto un nuovo caricatore nella sua arma.
3. **_la rivista_** (Zeitschrift), **_il settimanale_** (Woche)
«L'Espresso» è una rivista italiana che parla di politica ed economia.
4. **_il programma d'attualità_** (RADIO, TV)
Voglio guardare il programma d'attualità sulle prossime elezioni.

il magazzino PFF 1. **Magazin, Lager** (S.O. 1)

2. **Kauf-, Warenhaus**
I grandi magazzini hanno fatto sparire molti piccoli negozi.
3. **Sortiment**
Questo negozio di abbigliamento ha un magazzino ben fornito.

Manifest **il manifesto, il programma**
Il partito ha pubblicato un manifesto contro l'energia nucleare.

il manifesto PFF 1. **Plakat, Bekanntmachung**
I manifesti annunciano il concerto di Gianna Nannini.
2. **Manifest** (S.O.)

Manko **il difetto, la carenza**
L'impazienza è il suo difetto più grande.

l'ammanco **Fehl-, Differenzbetrag, Minus** (FINANZ.)
Dopo aver fatto i conti la commessa ha constatato un ammanco di cassa di 50 euro.

Mappe 1. **la cartella, la borsa** (Tasche)
Vi ho portato l'articolo, è nella cartella sulla scrivania.
2. **la cartelletta, il raccoglitore** (Dokumente)
Perché non usi dei raccoglitori per tenere in ordine i tuoi documenti?

la mappa **(Land-)Karte, Plan**
Nell'aula è appesa una mappa del mondo.

Maschine	1. *la macchina, l'apparecchio*
	L'invenzione della macchina a vapore fu un elemento decisivo per la rivoluzione industriale.
	2. *l'aereo*
	L'aereo non può atterrare a causa della nebbia.
	3. (ugs.) *la moto(cicletta)*
	Enrico guida una moto veloce.
	4. (ugs.) *il motore*
	Questo motore fa 80 chilometri all'ora.
la macchina PFF	1. **Maschine, Apparat** (s.o. 1)
	Auch: *la macchina fotografica:* **Fotoapparat**
	2. **Auto, Wagen**
	Abbiamo bisogno di una macchina grande per tutta la famiglia.
	3. (fig.) **Apparat, Maschinerie**
	La macchina amministrativa del ministero è molto lenta.

Messe	1. *la messa* (REL., MUS.)
	Mia nonna va a messa ogni domenica.
	2. *la fiera, la mostra*
	Luigi deve andare alla fiera dell'automobile.
la messa PFF	**Messe** (s.o. 1)
	Auch: *la messa in moto:* **das Anlassen** (Fahrzeug);
	la messa in scena: **Inszenierung**

Misere	*la situazione precaria/problematica*
	I disoccupati vivono in una situazione precaria.
la miseria	1. **Armut, Elend**
	La miseria di questo quartiere si nota dalle condizioni degli edifici.

2. Mangel, Not
*Dopo il terremoto c'è miseria di acqua pulita e
di cibo.*
3. Hungerlohn, erbärmliche Summe
*Ha lavorato tantissimo e lo hanno pagato una
miseria.*

---

mobil   1. *mobile* (nicht an einen Ort gebunden)
*Il lavoro costringe Luca ad essere molto
mobile.*
2. (ugs.) *svelto/a, agile* (beweglich)
*Per la sua età mio nonno è ancora molto
agile.*

mobile PFF   1. **mobil** (s. o. 1)
2. **lebendig, lebhaft**
*Il bambino non sa ancora parlare, ma ci guarda
con occhi mobili.*
3. **unbeständig, launenhaft**
*Enrico ha un carattere mobile, cambia sempre
idea.*

Moderation   *la presentazione, la conduzione* (RADIO, TV)
*La presentazione del programma è stata
affidata ad un giornalista molto famoso.*

la moderazione   **Mäßigung, Maßhalten**
*Luigi non dimostra alcuna moderazione
quando si tratta di spendere.*

---

momentan   1. *attuale, del momento*
*Data l'attuale situazione politica gli ambascia-
tori sono ritornati nei loro paesi.*
2. *momentaneo/a, passeggero/a*
È un attacco di allergia momentaneo.

3. (Adv.) *per il momento*
Per il momento non so dirti altro.

momentaneo/a PFF **momentan** (s.o. 2), **vorüber-gehend**

---

mondän *raffinato/a, mondano/a*
Mia zia è una persona mondana che ama
vestirsi in modo stravagante.

mondano/a PFF 1. **weltlich, irdisch**
Francesco d'Assisi ha rinunciato a tutti i beni
mondani.
2. **mondän** (s.o.), **weltmännisch**
3. **gesellschaftlich**
La festa sarà un avvenimento mondano,
verrano tutti i notabili della città.

Moral *la morale, l'etica*
Lui non pensa agli altri, è un uomo senza
morale.

il morale **Stimmung, Selbstvertrauen**
Questo incontro mi ha tirato giù di morale, non
me la sento di scherzare.

la morale **Moral** (s.o.)

---

morbid(e) 1. *malaticcio/a* (kränklich)
Le figure di questo pittore hanno sempre un
aspetto pallido e malaticcio.
2. *decadente, putrido/a* (dekadent)
Nella sua villa D'Annunzio amava mettere in
scena il suo gusto decadente.
3. *morboso/a* (pathologisch)
La sua gelosia ha un che di morboso.

morbido/a   1. **weich, geschmeidig**
Ho dormito benissimo con questo cuscino morbido.
2. (fig.) **zart**
La lozione rende la pelle molto morbida.
3. (fig.) **freundlich, nachgiebig**
I suoi genitori sono troppo morbidi, lasciano che faccia quel che gli pare.

N

nett

1. *gentile, simpatico/a, carino/a*
Enrico è un ragazzo molto gentile, fa piacere passare il tempo con lui.

2. *grazioso/a*, (ugs.) *carino/a*
Abbiamo passato due giorni in una graziosa cittadina dell'Umbria.

3. *piacevole*
Ieri ho visto Enrico, è stato un incontro piacevole.

4. (ugs.) *bello/a*
Per il lavoro svolto, mi hanno dato una bella cifra.

netto/a

1. **klar, deutlich**
Maria ha dato un taglio netto alla relazione con Marco.

2. **scharf, deutlich** (Umriss)
All'orizzonte si vedono i contorni netti della montagna.

3. **rein, sauber** (auch fig.)
Non ho fatto niente di male, ho la coscienza netta.

4. **Netto-, Rein-** (FINANZ., ÖKON.)
Non so quanto sia alto il suo stipendio netto.

---

nominieren

designare, candidare; auch: *convocare* (SPORT)
Il partito ha nominato il candidato per le prossime elezioni.

nominare PFF   1. **(be)nennen**
L'insegnante chiede al ragazzo di nominare
le capitali d'Europa.
2. **erwähnen, nennen**
Non l'ho mai sentito nominare i suoi fratelli.
3. **berufen, ernennen, nominieren** (s.o.)

Nonne   *la monaca, la suora*
A Roma si vedono tante suore.
la nonna   **Großmutter**, (ugs.) **Oma**
Mia nonna ha compiuto novant'anni.

Note   1. *la nota* (MUS.)
Luca sa suonare il pianoforte, ma non sa leggere
le note.
2. *il voto* (SCHULE)
Il ragazzo ha superato l'esame a pieni voti.
3. *la banconota* (meist Pl.), *il biglietto* (Geld)
Devo cambiare questa banconota da 50 Euro
perché ho bisogno di moneta.
4. (fig.) *la nota, il tocco*
Questa sciarpa dà una nota elegante al suo
abbigliamento.
Auch: **Fußnote:** *la nota a piè di pagina*
la nota PFF   1. **Note** (s.o. 1)
2. **Notiz, Vermerk, Erläuterung**
Lo scrittore ha aggiunto una nota introduttiva
alla nuova edizione del suo romanzo.
3. **kurze Nachricht, schriftliche Mitteilung**
L'ambasciatore ha mandato una nota diploma-
tica al Ministero degli Esteri.
4. **Liste**
Laura ha fatto una nota della spesa.

5. Rechnung
Oggi mi è arrivata la nota dell'idraulico per la
riparazione del lavandino.

---

notieren   1. **annotare, prendere nota di qc.**
Il commesso annota l'indirizzo del cliente.
2. **quotare** (FINANZ.)
In borsa il titolo azionario è quotato a 100 euro.

notare   1. **bemerken, auffallen**
Non ho notato nessun cambiamento nel suo
modo di comportarsi.
2. **hinweisen, hervorheben**
Nel suo articolo il giornalista nota i problemi
della società.
3. **aufzeichnen, -schreiben**
Il ragazzo nota i suoi pensieri sul diario.

Notiz   1. **l'appunto**
Durante la lezione gli studenti prendono
appunti.
2. **la breve notizia (di giornale)**
L'incidente è stato menzionato in una breve
notizia sul giornale.

la notizia PFF   1. **Nachricht, Meldung**
La notizia della morte del Presidente è stata
diffusa da tutti i giornali.
2. (meist Pl.) **Neuigkeit, Nachricht,**
Nachrichten
Sono contento di aver tue notizie.

O

Objektiv *l'obiettivo*
Anna si è comprata un nuovo obiettivo per la sua macchina fotografica.

l'obiettivo 1. **Objektiv** (s.o.)
2. **(Ziel-)Punkt, (Ziel-)Gebiet** (MIL.)
L'obiettivo dell'azione militare è la capitale del paese.
3. **Ziel, Zweck**
L'obiettivo dell'iniziativa è di creare un parco giochi per i bambini.

ökonomisch *economico/a*
La crisi economica non è ancora finita.

economico/a PFF 1. **wirtschaftlich, Wirtschafts-** (s.o.)
2. **finanziell, Geld-**
Luca ha accettato il lavoro per motivi economici.
3. **preiswert, billig**
Abbiamo dormito per due notti in una pensione economica.

Oper *l'opera (lirica)*; auch: *(il teatro del)l'opera*
(Gebäude)
Ieri sera ho visto «Il flauto magico» all'opera di Bologna.

l'opera PFF 1. **Oper** (s.o.)
2. **Arbeit, Werk**
Tutto questo giardino è frutto dell'opera delle mie mani.

---

3. **Werk** (KUNST, LIT.)
È il mio scrittore preferito, ho letto tutta la sua opera.
Auch: (Pl., ARCH.) *le opere pubbliche:*
öffentliche Bauten

---

operieren 1. *operare* (MED.)
Mio padre è stato operato al cuore.
2. *operare, agire* (handeln, vorgehen)
Dobbiamo agire con cautela se vogliamo raggiungere lo scopo desiderato.

operare PFF 1. **(be)wirken, tun**; auch: **Einfluss haben**
Credo che Luca abbia operato un miracolo convincendo mio figlio ad andare all'università.
2. **operieren** (s.o. 1 und 2)
3. **tätig sein, arbeiten**
L'azienda opera a livello internazionale.

---

oral *orale*
Questa medicina va presa per via orale.

orale PFF 1. **Mund-; oral** (s.o.)
2. **mündlich**
Lo studente deve dare un'esame orale.

---

ordinär 1. (pej.) *volgare* (Wort, Person), *ordinario/a* (Person), *triviale* (Sache)
I suoi discorsi sono pieni di parole volgari.
2. *ordinario/a, dozzinale* (gewöhnlich, billig)
Si atteggia a fare l'aristocratica ma si veste in modo ordinario.

ordinario/a PFF 1. **alltäglich, üblich, normal**
Oggi mi sono occupato di cose ordinarie della vita quotidiana.

2. **ordinär** (s.o. 1 und 2)

3. **ordentlich** (VERW., RECHT)

Si tratta di un contratto di lavoro ordinario.

Auch: *un professore ordinario*: Lehrer, Dozent

Organ 1. *l'organo* (ANAT.)

C'è ancora poca gente disposta a donare gli organi.

2. *l'organo, l'organismo* (POL., VERW.)

Gli organi statali di controllo non sempre funzionano bene.

3. *l'organo* (JOURN.)

Questo giornale è l'organo del partito di destra.

4. (ugs.) *la voce*

Già da bambino Luca aveva una voce forte.

l'organo PFF 1. **Orgel** (MUS.)

In questa chiesa si trova un organo dell' 800.

2. **Organ** (s.o. 1, 2, 3)

3. **Teil, Vorrichtung** (TECH.)

Il tecnico deve controllare tutti gli organi della macchina.

---

orientalisch *orientale, levantino/a*

La Basilica di San Marco ha diversi elementi presi dalla cultura orientale.

orientale PFF 1. **östlich, Ost-, im Osten**

La città si trova nella parte orientale del paese.

2. **orientalisch, Orient-** (s.o.)

3. **asiatisch**

Il cinese è una lingua orientale.

P

Paket   1. *il pacco*
Devo andare in posta per spedire un pacco.
2. (fig.) *il pacchetto* (POL., ÖKON.)
*Il ministro delle Finanze ha avviato un pacchetto
di misure per ridurre le tasse.*

il pacchetto PFF   1. **Päckchen, kleines Paket**
Mi è arrivato un pacchetto di libri.
2. **Packung, Schachtel**
Mi sono comprato un pacchetto di sigarette.
3. **Paket** (s. o. 2)

Palast   *il palazzo*
*Le pareti nel Palazzo Ducale sono coperte di
affreschi stupendi.*

il palazzo PFF 1. **Palast** (s. o.)
2. **Wohnhaus, Gebäude**
Mia zia abita in un palazzo in centro.
3. **politisches Machtzentrum, Regierung**
*A Palazzo Chigi non è ancora stata presa nessuna
decisione.*
Auch: *la mostra a Palazzo Pitti:* **die Aus-
stellung im Palazzo Pitti**

Palme   *la palma*
*Prima del viaggio al sud, il bambino aveva visto
le palme solo allo zoo.*

la palma PFF 1. **Palme** (s. o.)
2. **Handteller, -fläche**; auch: (nur Sg.) *il palmo*
Vai a lavarti le mani, hai le palme sporche di terra.

Panne	1. *il guasto* (TECH.)
	A causa di un guasto tecnico il treno è stato
	fermo per ore.
	2. *l'incidente* m.
	Durante i preparativi per la festa ci sono stati
	diversi incidenti.
	Auch: **Reifenpanne:** *la foratura*
la panna PFF	**Sahne, Rahm**
	Prendo una cioccolata calda con panna.

Pappe	*il cartone*
	Luca mette la sua roba in scatole di cartone per
	il trasloco.
la pappa	**Brei**; auch: (fig.) **Pampe**
	Il bambino non vuole mangiare la pappa.

Paprika	1. *il peperone* (Pflanze, Schote)
	Esistono peperoni di diversi colori.
	2. *il peperoncino, la paprica* (Gewürz)
	Se aggiungi un po' di peperoncino al sugo, lo
	rendi più piccante.
la paprica	**Paprika (pulver)** (S. O. 2)

Parole	1. *la parola d'ordine* (MIL.)
	Per entrare devi dire la parola d'ordine.
	2. *il motto, il slogan*
	Lo slogan elettorale del partito di sinistra non
	mi convince.
la parola	1. **Wort**
	Non ho capito una parola di quello che hai detto.
	2. **Sprache**
	Gli animali non hanno il dono della parola.

3. (Pl.) **Gerede, Geschwätz**

Non mi aspetto più niente da lui, è buono solo a parole.

4. **Rederecht**

Durante il processo hanno concesso la parola all'accusato.

Auch: ***dar la propria parola*: sein/ihr Ehrenwort geben**; ***essere di parola*: verlässlich sein**

Pass

1. *il passaporto*

All'aeroporto vengono controllati i passaporti.

2. *il passo, il valico* (Gebirge)

Il passo del Brennero era chiuso per la neve.

3. *il passaggio* (SPORT)

La squadra ha perso per un passaggio sbagliato.

il passo

1. **Schritt** (auch fig.)

Un passo dopo l'altro e raggiungerai la cima in tre ore.

2. **Tempo, Gang(art)**

Non arriveremo mai a casa se continuiamo di questo passo.

3. **(Fuß-)Spur** (auch fig.)

Il figlio segue i passi del padre.

4. **Passus, Textstelle**

Leggo un'antologia con passi scelti dell'opera di Dante.

5. **Weg, Durchfahrt**; auch **Pass** (s. o.), **Meeresstraße**

Un camioncino parcheggiato ci impediva il passo.

Pasta, Paste	1. *la pasta, il paté* (GASTR.)
	Ho preparato una pasta di acciughe.
	2. *la pasta, la pomata* (PHARM., CHEM.)
	Dobbiamo comprare una nuova pasta
	dentifricia.
	Auch: **Zahnpasta**: *il dentifricio*
la pasta PFF	1. **Teig**; auch: **Nudeln, Teigwaren** (Dim. von
	la pastasciutta)
	Devo preparare la pasta frolla per la torta.
	2. **(Fein-)Gebäck**
	Con il tè ci ha servito delle paste prese in
	pasticceria.
	3. (fig.) **Wesen, Charakter**
	Questa ragazza è di buona pasta.
	4. **Paste, Pasta** (s. o. 1 und 2)

Pastor	*il pastore* (evangelico), *il parroco* (cattolico)
	Il parocco celebra la messa.
il pastore	1. **Hirt, Schäfer**
	Il pastore va a cercare una pecora smarrita.
	2. **Schäferhund**
	Il loro cane è un pastore tedesco.
	3. **Pastor** (s. o.)

Patent	1. *il brevetto* (RECHT)
	L'ingegnere ha presentato domanda di brevetto
	per la sua invenzione.
	2. *la soluzione tecnica*
	Nei laboratori hanno trovato una nuova
	soluzione tecnica.
la patente	1. **Genehmigung, Lizenz**
	Per aprire un locale ci vuole una patente.

2. **Führerschein**
Luca ha passato l'esame di guida e ha preso la patente.
3. (fig.) **Stempel**
Ormai tutti nel suo paese gli hanno dato la patente di stupido.

Pelle
1. *la buccia* (Schale)
La buccia d'arancia si usa anche per cucinare.
2. *la pelle* (Wursthaut)
Togli la pelle prima di mangiare la salsiccia.
Auch: (fig.) **jdm. auf die Pelle rücken:** *stare alle calcagna di qu.*

la pelle PFF
1. **Haut**
Dopo una giornata in spiaggia hai la pelle tutta rossa.
2. (fig.) **Leben, Haut**
Il tuo aiuto mi ha salvato la pelle.
3. **Fell, Leder**
È una borsa di vera pelle.
4. **Pelle** (s. o. 2)

---

perplex
sbalordito/a, sconcertato/a
Sono rimasto sconcertato a proposito delle sue domande inaspettate.

perplesso/a
ratlos, unschlüssig
Rimase perplesso davanti alla porta non sapendo se entrare o meno.

Pharmazie
la farmacia (Arzneimittelkunde)
I laureati in farmacia non hanno problemi a trovar lavoro.

la farmacia PFF   1. **Pharmazie** (s.o.)
2. **Apotheke**
Devo passare in farmacia a comprare le
aspirine.

Phrase   (pej.) *la frase fatta, il luogo comune*
Questo politico usa solo frasi fatte.

la frase PFF   1. **Satz**
Finisci la frase prima di cominciare la prossima!
2. **Ausdruck, Äußerung, Redewendung**
In una lingua straniera non è sempre facile
trovare le frasi giuste.
3. **Phrase, Gemeinplatz** (s.o.)

Physiker   *il fisico*
Albert Einstein è uno dei fisici più noti.

il fisico PFF   1. **Physiker** (s.o.)
2. **Körper(bau), Konstitution, Äußeres**
(eines Menschen)
A giudicare dal suo fisico potrebbe essere un
atleta.

Plage   1. *la seccatura, il tormento*
Quest'estate le zanzare sono una vera seccatura.
2. (fig.) *la piaga*
I politici non sono riusciti ad abolire la piaga
della corruzione.

la piaga PFF   1. **Wunde, Verletzung** (auch fig.)
Ha il corpo coperto di piaghe causate
dall'esplosione.
2. **Plage** (fig; s.o. 2), **Übel**
3. (ugs.) **Plagegeist**
La nostra vicina di casa è una vera piaga.

Plan	1. *il progetto, il piano*
	Gli architetti hanno presentato il progetto per la nuova stazione.
	2. *l'intenzione*
	Che intenzioni hai per l'anno prossimo?
	3. *la cartina, la pianta* (Stadt)
	Studiando la cartina cerco di trovare la strada giusta.
il piano PFF	1. **Fläche, Platte**
	Ho dipinto di bianco il piano del tavolo.
	2. **Niveau, Ebene** (auch fig.)
	Il paese è cambiato molto sul piano politico.
	3. **Stockwerk, Etage**
	La nostra casa si trova al sesto piano.
	4. **Plan** (s. o. 1), **Programm**
	5. **Einstellung, Vorder-, Hintergrund** (FOTO, FILM)
	In primo piano si vedono un uomo e una donna, in secondo piano si vede il mare.
Platz	1. *il posto, il luogo*; auch: *lo spazio* (Raum)
	Ho messo tutte le cose al loro posto.
	2. *il posto (a sedere)*
	Non c'erano più posti liberi sull'aereo.
	3. *il posto, la posizione* (Position)
	La squadra è arrivata al secondo posto.
	4. *la piazza, il piazzale*
	In mezzo alla piazza c'è una grande fontana.
	5. *il campo* (SPORT)
	Vicino a casa mia c'è un campo da tennis.
	6. **Platz!** (Tier)
	A cuccia!

la piazza PFF   1. **Platz** (s.o. 4)
2. (fig.) **Menge, Masse**
*Con le sue parole il candidato ha provocato
la piazza.*
Auch: *il letto a due piazze*: **Doppelbett**

Pokal   **la coppa** (Trinken, SPORT)
La squadra azzurra ha vinto la coppa.
il boccale   **Krug**
*L'acqua è stata servita in un boccale di
vetro.*

---

polieren   1. *lucidare*
*Per lucidare le scarpe dovresti usare una crema
apposita.*
2. *levigare* (harte Oberfläche)
*La lastra di marmo è stata prima levigata e poi
scolpita.*
pulire   1. **putzen, säubern, reinigen**
Prima di uscire pulisci la tua stanza!
2. **abwischen**
*Il cane ha sporcato tutto il pavimento, ora devo
pulirlo.*

Pony m.   *la frangia, la frangetta*
Il parrucchiere mi ha tagliato la frangia.
il pony   **das Pony**
A molte ragazzine piacciono i pony.

---

populär   *popolare*
*Adriano Celentano è ancora molto popolare in
Italia.*

popolare PFF 1. **Volks-** (Gesamtheit der Bürger, Nation)
*Lui è l'ambasciatore della Repubblica Popolare
Cinese.*
2. **volkstümlich, Volks-**
Stasera in piazza c'è una festa popolare.
3. **populär, beliebt** (s.o.)

Porto   ***l'affrancatura, le spese postali, il porto***
([Fracht-]Gebühr)
Le spese postali sono a carico del destinatario.

il porto PFF   1. **Hafen** (auch fig.)
La barca sta tornando al porto.
2. **Porto** (s.o.)
3. **Schein, Erlaubnis**
*Per possedere una pistola ci vuole un porto
d'armi.*
4. **Portwein**
*A Lisbona ho bevuto un porto davvero
ottimo.*

Post   ***la posta***
La posta arriva sempre verso le undici.

Posten   1. ***il posto, l'impiego, la carica***
*Finalmente Luca ha trovato un impiego ben
pagato.*
2. ***il posto di guardia*** (MIL.); auch: ***la guardia,
la sentinella*** (Wache)
Il ponte è controllato da sentinelle.
3. ***la partita*** (HANDEL)
*Il gestore del bar sta aspettando una partita di
caffè.*

il posto PFF   1. **Platz, Stelle**
Durante la pausa ho trovato un posto al sole.

2. Raum, Platz

A casa nostra non c'è più posto per i libri nuovi.

3. (Sitz-)Platz

Ho prenotato un posto sul treno per Firenze.

4. Posten (s. o. 1)**, Stelle**

5. Ort, Gegend; auch: **Lokal**

Questo paesino è un posto meraviglioso.

Potenz

1. *la potenza sessuale* (MED.)

Con l'età avanzata la potenza sessuale diminuisce.

2. *la forza, la potenza* (Leistungsfähigkeit)

La sua potenza intellettuale mi fa impressione.

3. *la potenza* (MATH.)

I ragazzi devono calcolare la terza potenza del numero.

la potenza PFF

1. **Macht, Einfluss**

Non bisogna sottovalutare la potenza della stampa.

2. **Kraft, Stärke** (auch fig.)**, Potenz** (s. o.)

La potenza militare della dittatura preoccupa gli altri paesi.

3. **Gewalt, Wucht**

La potenza della tempesta ha danneggiato anche le case.

4. (Pl.) **Großmächte**

Domani avrà luogo la conferenza delle grandi potenze.

5. **Potenz** (MATH., s. o. 3)

praktizieren *praticare* (Beruf, Methode, REL.)
Lui pratica la professione di medico.

praticare PFF 1. **ausüben, (be)treiben, praktizieren** (s.o.)
2. **in die Praxis umsetzen, anwenden**
Durante gli studi ho imparato tante cose, ora bisogna praticarle.
3. **mit jdm. Umgang haben, verkehren**
Mio figlio pratica persone che non mi piacciono.
4. **geben, gewähren** (Rabatt)
Il commesso mi ha praticato uno sconto del 10 %.

Prämie *il premio* (FINANZ., VERS.), *la ricompensa* (allg.)
Ogni anno la banca mi versa un premio di risparmio.

il premio PFF 1. **Prämie** (s.o.), **Zulage, Belohnung**
La città ha offerto un premio per meriti speciali nell'ambito sociale.
2. **Preis, Gewinn**
Il premio Nobel per la pace è stato conferito a Barack Obama.

Praxis 1. *la pratica*
L'idea è grandiosa, ma bisogna vedere come metterla in pratica.
2. *la prassi, la procedura*
La prassi per ottenere la cittadinanza è molto lunga.
3. *la pratica, l'esperienza* (Übung, Erfahrung)
Per quanto riguarda la teoria lui è preparato, ma gli manca la pratica.

4. *lo studio (medico, legale)*
Il suo studio si trova in Via Crispi.

la prassi PFF   **Praxis** (s. o. 2), **Usus, Methode**

Presse   **1. *la stampa***
Il giornalista lavora per la stampa nazionale ed internazionale.
2. *la pressa* (TECH.)
Quando esce dalla pressa il materiale ha la forma desiderata.
3. *il torchio* (Öl, Wein)
Il torchio per l'uva viene usato per ricavarne il succo.

la pressa   **1. Presse** (s. o. 2)
2. (ugs.) **Gedränge**
La gente faceva pressa intorno al cantante famoso.

---

pressen   **1. *pressare*** (TECH.)
La lamiera è troppo spessa, bisogna pressarla un po'.
2. *premere, schiacciare*
Ho dovuto premere la valigia con tutte e due le mani per poterla chiudere.
3. *torchiare* (Öl, Wein); auch: ***spremere, pigiare*** (Saft)
Ho spremuto due arance per la colazione.

pressare PFF   **1. (zusammen)pressen** (s. o. 1)
2. keltern
Per produrre il vino bisogna pressare l'uva.
3. (fig.) **(be)drängen, unter Druck setzen**
Marco mi ha pressato con continue richieste di aiuto.

Prinzip	*il principio* (Norm, Gesetz, Schema)
	Per tutta la sua vita mio padre è rimasto fedele
	ai suoi principi.
il principio PFF	1. **Anfang, Beginn, Ursprung**
	In principio era il verbo.
	2. **Prinzip** (s. o.)

prinzipiell	1. (Adj.) *di principio, di fondo*
	Prima di decidere i dettagli dovremmo discutere
	i problemi di fondo.
	2. (Adv.) *in linea di principio*
	In linea di principio i miei figli vanno molto
	d'accordo.
	3. (Adv.) *per principio*
	Lei non mangia la carne per principio.
principale	**Haupt-, wichtigste(r,s), zentral**
	Corso Vittorio Emmanuele è la via principale
	della città.

Prise	*la presa, il pizzico*
	Nel sugo ci vuole ancora un pizzico di sale.
la presa PFF	1. **Griff, Greifen, Halt**
	Ieri sono caduta nella neve perché le mie scarpe
	non avevano presa.
	2. **Prise** (s. o.)
	3. **Steckdose, Anschluss** (TECH.)
	Se vuoi che il rasoio funzioni, devi inserire la
	spina nella presa.
	4. **Einnahme, Eroberung** (MIL.)
	La rivoluzione francese scoppiò con la presa
	della Bastiglia.

Probe

1. *la prova* (Experiment)
Prima di essere commercializzato, il materiale è stato sottoposto ad una serie di prove.
2. *la prova* (Prüfung, allg.)
Questo rumore mette alla prova la mia pazienza.
3. *la prova* (THEA., MUS.)
Ieri ho assistito alla prova generale dello spettacolo.
4. *il campione* (Produkt, MED.)
In farmacia mi hanno regalato dei campioni di crema.

la prova PFF 1. **Probe** (s.o. 1, 2, 3), **Versuch, Test**
2. **Prüfung** (SCHULE, UNIV.)
Quest'anno lo studente deve dare quattro prove scritte.
3. **Beweis, Nachweis**
I biologi hanno trovato la prova decisiva a sostegno della loro teoria.

Professor *il professore (universitario)*
Lui è professore di filosofia all'Università di Monaco.

il professore PFF 1. **Lehrer**
Il professore d'italiano mi ha chiesto di leggere il riassunto.
2. **Professor** (s.o.)
3. **Kenner, hochgebildeter Mensch**
Di letteratura ne sa quanto un professore.

---

prominent *eminente, illustre, di riguardo*
Alla festa erano presenti esponenti illustri dell'ambito culturale.

prominente 1. **vorspringend, hervorstehend, aus-**
geprägt
È facilmente riconoscibile nelle foto a causa del
suo naso prominente.
2. **bedeutend, relevant**
Il cardinale svolge un ruolo prominente
all'interno della chiesa.

Prominenz 1. *la celebrità, il nome*
L'attore approfitta della sua celebrità per
sostenere la lotta per i diritti umani.
2. (Pl.) *le personalità, i vip, i notabili*
Il sindaco è una delle personalità più in vista
della città.

la prominenza 1. **Vorsprung**
I ragazzi si sono tuffati in mare saltando da una
prominenza nella roccia.
2. **Vorspringen, Hervorstehen**
L'aumento della prominenza degli zigomi è un
intervento di chirurgia estetica molto diffuso.

---

promovieren 1. *conferire il titolo di dottore*
L'Università di Bologna gli ha conferito il titolo
di dottore.
2. *fare un dottorato di ricerca*
Luca ha deciso di fare un dottorato di ricerca e
di proseguire con la carriera universitaria.

promuovere PFF 1. **fördern**
Il governo ha deciso di promuovere maggior-
mente la ricerca scientifica.
2. **etw. anregen, initiieren**
I cittadini svizzeri hanno promosso un
referendum.

3. befördern, versetzen
Il ragazzo è stato promosso alla classe superiore.
4. fördern, bewirken, auslösen
Questo farmaco promuove la traspirazione.
Auch: ***promuovere causa contro qu./qc.*:**
Anklage erheben gegen jdn./etw.

---

prompt	1. ***pronto/a, rapido/a, immediato/a*** *La ringrazio per la Sua risposta immediata.* 2. auch: (ugs.) **prompt auf etw. hereinfallen:** ***cascarci subito, immancabilmente***
pronto/a PFF	1. **fertig, bereit, vorbereitet** *La cena è pronta.* 2. **zu etw. bereit, aufgelegt** *Sono pronto a fare una passeggiata.* 3. **schnell, prompt** (s. o. 1) 4. **lebhaft, wach, hervorragend** *Già da bambino si faceva notare per il suo pronto intelletto.*

Publikum	*il pubblico* *Il pubblico si alza in piedi e comincia ad applaudire.*
il pubblico PFF	1. **Öffentlichkeit, Allgemeinheit, Bevölkerung** *Questo parco è aperto al pubblico.* 2. **Publikum** (s. o.) 3. **Kunden, Kundschaft** *La maggior parte del pubblico di questo albergo supera i sessant'anni.*

Puls	***il polso***
	Il medico tasta il polso al malato.
il polso PFF	1. **Handgelenk**
	La madre afferra il bambino al polso per
	fermarlo.
	2. **Puls** (s.o.)
	3. **Tatkraft, Energie**
	Durante le trattative ha dimostrato di essere un
	uomo di polso.
	Auch: ***uno scrittore di polso***: **ein Schriftsteller**
	mit Talent

Pulver	1. ***la polvere***
	Ho messo un po' di polvere di cacao nella tazza.
	2. ***la polverina*** (MED.)
	In farmacia gli hanno dato una polverina
	contro il mal di testa.
la polvere PFF	1. **Staub**
	La stanza è coperta di polvere.
	2. **Pulver** (s.o. 1)

punktuell	***parziale, frammentario/a***
	Ho una conoscenza solo parziale della sua
	opera.
puntuale	1. **pünktlich**
	L'impiegato deve arrivare puntuale al lavoro.
	2. **genau, akkurat**
	Ha un'innata capacità di analisi, le sue critiche
	sono sempre molto puntuali.

Q

Quader
1. *il concio* (ARCH.)
L'edificio è fatto di conci.
2. *il parallelepipedo* (MATH.)
Gli studenti devono calcolare la superficie di un parallelepipedo.

il quadro
1. **Bild, Gemälde**; auch: **Szene, Bild** (FILM, THEA.)
Il museo possiede molti quadri di Caravaggio.
2. **Viereck** (MATH.)
Laura appoggia le tazze su piccoli quadri di porcellana.
3. (fig.) **(Gesamt-)Bild, Beschreibung, Übersicht**
Il telegiornale fa un quadro della situazione politica internazionale.
4. (Pl.) **Führungskräfte, leitende Angestellte**
Lo stipendio è stato aumentato a tutti i quadri dell'azienda.

Quartal
(Ø)
il trimestre
In alcuni paesi l'anno universitario è diviso in trimestri.

Quartier
1. *l'alloggio*
Un amico mi ha offerto alloggio durante il mio soggiorno a Palermo.
2. *l'alloggiamento, il quartiere* (MIL.)
L'alloggiamento delle truppe si trova vicino al fiume.

3. *il quartiere* (Stadtviertel)
Questa piazza è il centro del quartiere.
il quartiere PFF   **Stadtteil, Quartier** (s.o. 2, 3)

---

quasi   **per così dire, praticamente**
Da bambini abbiamo vissuto insieme, siamo
praticamente fratelli.
quasi   1. **ungefähr, etwa**
Laura abita con me da quasi un anno.
2. **fast, beinahe**
Ieri sono quasi scivolato sul ghiaccio.
3. **als (ob)**
Luigi parla dell'attore quasi lo conoscesse.

Quote   1. *la quota, la percentuale* (FINANZ., ÖKON.)
I soci riceveranno la loro quota solo dopo la
vendita dell'azienda.
2. *il tasso, l'indice*
Il tasso di disoccupazione è in costante
aumento.
la quota PFF   1. **Quote** (s.o. 1), **Anteil**
2. **Betrag, (Mitglieds-)Beitrag**
Per l'abbonamento al giornale pago una quota
di 30 euro mensili.
3. **Teilzahlung, Rate**
La quota mensile del mutuo per la casa è
piuttosto alta.
4. **(Flug-)Höhe**
L'aereo vola a bassa quota.
5. **Punkt** (SPORT)
Lazio Roma ha raggiunto quota 20.

R

Rabatt (Ø)	***lo sconto, la riduzione*** *Mi hanno fatto uno sconto del 20 % su questi pantaloni.*
radieren	1. ***cancellare*** *Ho cancellato tutto il disegno con la gomma.* 2. ***incidere*** (KUNST) *Ancora oggi si usa l'acquaforte per incidere dei disegni su lastre di rame o di zinco.*
radere	1. **rasieren, kurz scheren** *Hai la barba troppo lunga, dovresti raderla.* 2. **streifen, nahe vorbeifahren** *Il cane è talmente grasso che la sua pancia rade il suolo.* 3. **ab-, umhauen, fällen, dem Boden gleichmachen** *La tempesta ha raso al suolo tutti gli alberi.*
Rakete	***il razzo*** (MIL.), ***il missile*** (auch RAUMFAHRT) *I paesi alleati hanno lanciato dei razzi contro l'avversario.*
la racchetta	1. **Tennisschläger** *Il tennista ha colpito la palla con la racchetta rimandandola con forza nel campo avversario.* 2. (fig.) **Tennisspieler** *Ancora oggi, Boris Becker è una delle racchette più famose del tennis.*

Rang

1. *il rango* (Stellung), *il grado* (MIL.)
Il direttore dell'azienda è un personaggio di alto rango.
2. *il livello, il rango*
Un attore del suo rango non recita mai nella nostra cittadina.
3. *la galleria* (THEA.)
All'opera abbiamo dei posti in prima galleria.
4. *il posto, la posizione*
La squadra ha preso il terzo posto.

il rango PFF

1. **Rang, Stand** (s.o. 1 und 2)
2. **Reihe** (MIL.)
Dopo l'appello i soldati possono rompere i ranghi.

---

rasant

fulmineo/a (Entwicklung), *impressionante* (Geschwindigkeit)

(Ø)

L'India si sta trasformando con una velocità impressionante.
Auch: **rasant fahren:** *andare velocissimo*

Rasse

1. *la razza* (BIOL., BOT.)
La sua famiglia alleva cavalli di razza.
2. *la razza* (Menschengruppe)
La ripartizione degli uomini in razze è un concetto antiquato.

la razza PFF

1. **Rasse** (s.o. 1 und 2)
2. **Familie, Herkunft**
Questa ragazza è di buona razza, viene da una famiglia dell'alta borghesia.
3. **Art, Sorte**; auch: (ugs., pej.) *che razza di qu./qc.:* **was für ...**
Che razza di persone mi hai portato in casa?

Razzia	**la retata, il rastrellamento**
	Il mafioso è stato arrestato durante una retata
	della polizia.
la razzia	**1. Raubüberfall**
	Una banda armata ha fatto una razzia in
	banca.
	2. Erbeutung, Diebstahl (durch ein
	Tier)
	La volpe è entrata nel pollaio e ha fatto razzia
	di polli.
	Auch: (fig.) *I turisti hanno fatto razzia di*
	souvenir.

real	**1.** *reale* (wirklich)
	Questi eventi sono reali, non me li sono
	sognati.
	2. *realistico/a, concreto/a*
	Secondo me esiste la concreta possibilità che lui
	vinca il concorso.
reale	**1. real** (s.o. 1)
	2. königlich, Königs-
	La famiglia reale passa l'inverno nella capitale
	del paese.

Recherche	**l'indagine, la ricerca**
	Finora le indagini della polizia non hanno dato
	risultati.
la ricerca PFF	**1. Suche**
	Da tre mesi Luca è alla ricerca di un lavoro.
	2. (Er-)Forschung, Studium
	Il professore si dedica alla ricerca scientifica.
	3. Ermittlung, Recherche(n) (s.o.)

4. Studie, Untersuchung
Secondo una nuova ricerca, la mortalità
infantile in Europa è diminuita.
5. Referat (SCHULE)
La ragazza deve preparare una ricerca su Italo
Calvino.

---

reformieren	***riformare***

Bisognerebbe riformare il sistema universitario
in Italia.

riformare PFF **1. neu bilden, gründen**
Dopo le elezioni il governo è stato riformato.
2. reformieren, umgestalten (s.o.); auch:
abändern, korrigieren (RECHT)

Regal	***lo scaffale***

Lo scaffale è pieno di libri.

il regalo **Geschenk**
Mio marito mi ha fatto un regalo bellissimo per
il mio compleanno.

---

regieren	***governare, regnare*** (König)

Per governare bisogna aver la maggioranza in
parlamento.

reggere **1. (fest)halten, tragen, stützen**
Il nipote regge la nonna mentre attraversano la
strada.
2. leiten, führen
Il direttore regge la ditta già da vent'anni.
3. aus-, standhalten, vertragen
Non reggo più i suoi discorsi noiosi.
4. (fig.) (an)halten, dauern
Quest'anno l'inverno ha retto per tanti mesi.

regulär   *regolare*
                   Il procedimento è regolare, anche se sembra
                   troppo burocratico.

regolare PFF   1. **regelmäßig, gleichmäßig** (Schritt,
                   Bewegung)
                   Il cavallo avanza con passo regolare.
                   2. **ordentlich, geregelt**
                   Dovresti fare una vita più regolare con pasti
                   fissi e otto ore di sonno.
                   3. **normal** (Größe)
                   La ragazza pensa di essere grassa, ma ha un
                   peso del tutto regolare.
                   4. **regulär, vorschriftsmäßig** (s.o.)
                   5. **pünktlich**
                   L'arrivo del treno è regolare.

Relation   *la relazione, il rapporto* (Ereignis, Tatsache,
                    Person)
                    Non c'è nessuna relazione tra i soldi spesi e i
                    risultati ottenuti dall'azienda.

la relazione PFF 1. **Beziehung, Verhältnis, Relation** (s.o.)
                    I due colleghi hanno una relazione d'amicizia.
                    2. **Bericht, Referat**
                    Lo scienziato deve tenere una relazione sui
                    risultati delle sue ricerche.
                    3. (Pl.) **Beziehungen, Verbindungen**
                    (HANDEL, GESELL.)
                    A causa del suo lavoro dispone di molte
                    relazioni nell'ambito politico.

renovieren   *rinnovare, ristrutturare*
Il comune ha deciso di ristrutturare la vecchia chiesa.

rinnovare PFF   1. **erneuern** (Möbel, Garderobe)
Devo andare dal calzolaio per rinnovare le suole di questi stivali.
2. **reformieren** (Gesetz, Institution)
Il parlamento ha deciso di rinnovare la legge.
3. **verlängern** (Vertrag)
Il mio contratto di lavoro sta per scadere, ma sarà rinnovato.
4. **wiederholen, erneuern** (Einladung, Entschuldigung)
Abbiamo rinnovato l'invito a cena ai nostri vicini di casa.
5. **renovieren** (s.o.), **sanieren**

---

reparieren   *riparare*
In officina mi hanno riparato la macchina.

riparare PFF   1. **schützen**
Lei porta gli occhiali da sole per riparare gli occhi.
2. **reparieren** (s.o.)
3. (fig.) **wiedergutmachen**
Le tue scuse non basteranno per riparare l'errore che hai fatto.

---

repräsentieren   *rappresentare*
Il ministro rappresenta il suo paese all'estero.

rappresentare PFF   1. **vertreten, repräsentieren** (s.o.)

2. darstellen, beschreiben
(LIT., FILM, KUNST)
Il film rappresenta la storia di una famiglia nel dopoguerra.
3. aufführen, spielen (THEA.)
Questo attore sa rappresentare bene i ruoli delle persone malvagie.
4. verkörpern, symbolisieren
Nell'arte cristiana l'agnello rappresenta Gesù Cristo.

Requisit	***il materiale scenico, gli accessori di scena***
	(THEA., FILM)
	L'assistente del regista deve procurare il materiale scenico.
il requisito	**1. Voraussetzung**
	Purtroppo lui non ha i requisiti necessari per fare questo lavoro.
	2. gute Eigenschaft, Qualität
	Lui ha un buon carattere, la pazienza è solo uno dei suoi tanti requisiti.

Reserve	**1. *la scorta, la riserva*** (Geld, Lebensmittel)
	In cantina ho una bella scorta di marmellate, ne vuoi?
	2. *la riservatezza, il riserbo* (Charakter)
	Al lavoro non parla mai di cose private, la sua riservatezza è notevole.
	3. *la risorsa* (Kraft)
	Il ciclista fa uso delle sue ultime risorse di energia.
	4. *la riserva* (SPORT)
	L'attaccante titolare sarà sostituito dalla riserva.

la riserva PFF   1. **Reserve** (s. o. 1 und 4)
              2. **Revier, Reservat** (Natur)
              Nella riserva naturale si vedono alcuni uccelli rari.
              3. (fig.) **Vorbehalt, Einschränkung, Zweifel**
              Mia madre mi permise di andare al concerto, con la riserva che tornassi presto.
              4. **Jahrgang, Auslese** (Wein)
              È un vino ottimo, un Montepulciano riserva 2007.

Residenz   ***la residenza*** (Sitz der Regierung, der Botschaft, eines Adeligen)
              Il Quirinale è la residenza del Presidente della Repubblica.

la residenza PFF   1. **Wohnsitz**
              Cambiare residenza così spesso non è stato facile per i bambini.
              2. **Aufenthalt**
              Se la residenza all'estero dura più di tre mesi, bisogna registrarsi in questura.
              3. **Residenz** (s. o.), **Sitz**

Resistenz   ***la resistenza*** (MED.)
              Molti batteri hanno una forte resistenza alle sostanze antibiotiche.

la resistenza PFF   1. **Widerstand, Gegenwehr**
              I manifestanti hanno opposto resistenza alla costruzione dell'impianto nucleare.
              2. **Widerstandsfähigkeit, Belastbarkeit**; auch: **Resistenz** (s. o.)
              Per partecipare alla maratona bisogna avere una buona resistenza fisica.

3. Festigkeit, Haltbarkeit
Nei laboratori viene sperimentata la resistenza
del materiale al fuoco.
Auch: (HIST.) *la Resistenza italiana*: **die italie-**
nische Widerstandsbewegung

Respekt *il rispetto, la stima*
Ho molto rispetto dei tuoi consigli.
il rispetto 1. **Respekt, Achtung** (s.o.)
2. **Rücksicht**
Per il momento Maria non si fa vedere con il
fidanzato nuovo per rispetto all'ex-marito.
3. **Befolgung, Beachtung**
Quando guida Luca non ha rispetto del codice
stradale.
4. **Aspekt, Hinsicht**
Non avevo mai considerato la faccenda sotto
questo rispetto.

Restaurator/in *il restauratore / la restauratrice*
Luca è restauratore, si occupa di quadri antichi.
il ristoratore / la ristoratrice **Gastwirt/in**
Il ristoratore offre un caffè agli ospiti.

---

rezitieren *recitare, declamare*
Lui sa recitare ancora tutte le poesie che ha
imparato a scuola.
recitare PFF 1. **rezitieren** (s.o.), **vortragen**
2. **spielen, aufführen, auftreten**
(THEA., FILM)
Stasera recita il mio attore preferito.

Robe   1. *l'abito da sera*
               Al festival del cinema le attrici indossano degli
               abiti da sera.
               2. *la toga* (Gericht), *l'abito talare* (Geistlicher)
               Il giudice si mette la toga prima di entrare
               nell'aula.

la roba   1. **Sachen, Dinge, Zeug** (ugs.)
               Vorrei che tu la smettessi di lasciare in giro la
               tua roba.
               2. **Eigentum, Vermögen**
               Non avendo figli ha lasciato la sua roba ai
               bisognosi.
               3. **Sache, Angelegenheit**
               Non ci pensare, non è roba tua!
               4. (ugs.) **Stoff** (Drogen)
               Si sa che in questa piazza vendono la roba.

Rolle   1. *il rotolo*
               Nel bagno ci sono altri rotoli di carta
               igienica.
               2. *la rotella* (Laufrolle)
               Si è rotto la gamba, ora ha bisogno di una sedia
               a rotelle.
               3. *il ruolo* (FILM, THEA.; auch GESELL.,
               SPORT)
               Nel nuovo film l'attore recita il ruolo del
               padre.
               4. *la capriola* (SPORT)
               Durante la lezione di sport le ragazze provano a
               fare capriole.
               Auch: **keine Rolle spielen: *non aver
               importanza***

il ruolo PFF   1. **Rolle** (s.o. 3), **Funktion**
2. **Liste, Verzeichnis, Register**
*L'amministrazione controlla i ruoli del
personale aziendale.*
Auch: *essere di ruolo:* **verbeamtet bzw.
festangestellt sein**

---

romanisch   1. *romanico/a* (ARCH.)
In Italia si trovano molte chiese romaniche.
2. *latino/a* (Land, Kultur)
*Marco s'interessa molto per i paesi latini come
la Spagna e l'Italia.*
3. *neolatino/a, romanzo/a* (LING.)
Le lingue romanze hanno le stesse radici.

romanico/a   **romanisch** (s.o. 1)
romano/a   **römisch**
*L'Impero romano aveva conquistato gran parte
dell'Europa.*

S

Sakko	***la giacca (da uomo), lo spezzato*** (Anzug)
	Al lavoro l'avvocato porta sempre la giacca.
il sacco	1. **Sack**
	Babbo natale porta un sacco pieno di regali.
	2. **Haufen, Menge**
	Oggi c'è in giro un sacco di gente.
	3. **Plünderung**
	Il sacco di Roma è avvenuto nel 1527.

Salto	***il salto mortale***
	L'acrobata ha fatto un salto mortale.
il salto	1. **Sprung** (auch fig.)
	Ha fatto i salti dalla gioia dopo aver sentito
	la notizia.
	2. **Gefälle, Fallhöhe**
	Il salto della cascata è di 10 metri.

Schachtel	***la scatola***
	I biscotti sono nella scatola sull'armadio.
la scatola PFF	1. **Schachtel, Karton** (s.o.)
	2. **Dose, Büchse**
	Anna compra una scatola di piselli per il
	pranzo.
	Auch: (ugs.) ***rompere le scatole a qu.*: jdm. auf**
	den Wecker gehen

Schal	***la sciarpa***
	Con questa neve mi metto anche la
	sciarpa.

lo scialle	**Schulter-, Umschlagtuch** *In India mi sono comprata degli scialli di diversi colori.*

Schirm	1. *l'ombrello* (Regen), *l'ombrellone* (Sonne) *Luca è arrivato tutto bagnato perché ha perso l'ombrello.* 2. *il paracadute* (Fallschirm) *Il soldato si lancia dall'aereo con il paracadute.* 3. *il paralume* (Lampenschirm) *Non coprire il paralume, potrebbe prendere fuoco.* 4. *lo schermo* (TECH.; auch fig.) *In radiologia le immagini sono visibili su uno schermo fluorescente.*
lo schermo PFF	1. **Bildschirm, (**KINO-**)Leinwand;** auch: (fig.) **Kino, Film** *Al cinema non mi piace stare vicino allo schermo.* 2. **Schutz** *Questi occhiali fanno da schermo agli occhi durante l'esperimento.* 3. **Schirm** (s. o. 4)

Sensation	1. *la sensazione, lo scalpore* *La scoperta dello scienziato fa sensazione in tutto il mondo.* 2. *il fatto sensazionale* *La visita del Presidente fu un fatto sensazionale per tutti gli abitanti della cittadina.*
la sensazione PFF	1. **Empfindung, Gefühl;** auch: (fig.) **Eindruck** *Ho la sensazione che loro due vadano d'accordo.* 2. **Sensation, Aufsehen** (s. o. 1)

sensibel

1. *sensibile*

Laura è una ragazza sensibile, le viene da piangere facilmente.

2. *delicato/a*

Il bambino non può stare al sole a lungo, ha la pelle troppo delicata.

sensibile PFF

1. **(sinnlich) wahrnehmbar**

Il rumore era appena sensibile, non saprei dire da dove veniva.

2. **spürbar, deutlich**

Non puoi uscire senza guanti, c'è stato un sensibile calo di temperatura.

3. **wahrnehmungs-, empfindungsfähig**

Anche gli animali sono esseri sensibili.

4. **empfindlich, sensibel, feinfühlig** (s. o. 1)

---

seriös

serio/a, onesto/a

Ti puoi fidare di lui, è un uomo serio.

serio/a PFF

1. **ernst, ernsthaft**

Luca ha la faccia molto seria, sembra che non abbia voglia di scherzare.

2. **seriös** (s. o.), **vertrauenswürdig**

3. **ernstzunehmend, wichtig**

Stiamo di fronte a problemi seri.

4. **würdevoll, streng**

Il prete predica con un tono di voce serio.

Service

1. *il servizio* (Dienstleistung, Bedienung; auch: Geschirr)

È da anni che mangiamo in questo ristorante e siamo sempre stati soddisfatti del servizio.

2. *l'assistenza tecnica*
La mia lavatrice si è rotta, per fortuna la ditta offre assistenza tecnica.

il servizio PFF 1. **Dienst**; auch: **Wehrdienst**
La famiglia ha preso a servizio una donna che si occupa dei lavori domestici.
2. **Service** (s.o. 1)
3. **Bericht, Reportage**
Accendi la televisione per favore, vorrei vedere il servizio sul terremoto.
4. (Pl.) **Bad, Toilette**
In questo locale non ci sono servizi.

---

servieren *servire*
Il cameriere serve il primo piatto.

servire PFF 1. **servieren** (s.o.), **auftischen**
2. **bedienen, dienen**
I commessi sono molto competenti e mi hanno servito egregiamente.
3. (intr.) (*a qc.*) **dienen, nutzen**
Il cucchiaio serve per mangiare la minestra.
4. **brauchen**
Mi serve una penna per prendere appunti.

---

signieren *firmare*
La gente si mette in fila per farsi firmare il libro.

segnare 1. **markieren, anmerken, kennzeichnen**
Ho segnato in rosso alcuni passi del testo per ritrovarli.
2. (**auf**)**schreiben, notieren**
Mi sono segnato l'appuntamento sull'agenda.
3. **ankündigen, anzeigen, zeigen**
L'orologio segna mezzogiorno.

4. erzielen (SPORT), **Tor schießen**

Il giocatore ha segnato un goal già nei primi minuti della partita.

---

simpel

1. *semplice, elementare*

Non c'è tanto da spiegare, il procedimento è abbastanza semplice.

2. (pej.) *semplice,* (ugs.) *sempliciotto/a, ingenuo/a*

Mi sembra una persona un po' semplice e non di grande intelligenza.

semplice PFF

1. **einzeln**

Ho cucito con un filo semplice.

2. **einfach, leicht, simpel** (s.o. 1)

3. **schlicht, einfach, bescheiden**

Lui è un uomo modesto che si veste in modo semplice.

4. (pej.) **einfältig, simpel** (s.o. 2)

Skalpell

il bisturi (MED.)

Il chirurgo prende il bisturi e comincia l'operazione.

lo scalpello

1. **Meißel**

Lo scultore lavora il marmo con lo scalpello.

2. (fig.) **Steinmetz, Bildhauer**

Michelangelo non fu solo un pittore ma anche un grande scalpello.

Skizze

lo schizzo, il bozzetto (Zeichnung), *l'abbozzo* (Text)

L'artista fa diversi schizzi a matita prima di iniziare a dipingere.

lo schizzo PFF 1. **Spritzer, Schuss, Spritzen**
*Una macchina gli è passata accanto e lo ha
coperto di schizzi di fango.*
2. **Sprung, Satz**
*Il cane ha fatto uno schizzo in avanti per
prendere la palla.*
3. **Skizze** (s.o., auch fig.), **Entwurf**
*Il giornalista fa lo schizzo della situazione per
gli ascoltatori.*

---

skurril *strano/a, stravagante, strambo/a*
Laura mi ha raccontato un episodio strano.
scurrile **unanständig, vulgär, schlüpfrig**
*Non voglio sedere accanto a lui, continua a
raccontare barzellette scurrili.*

Sorte 1. *la specie, il tipo, la qualità, la sorta* (z.B.
Kaffeesorte)
Quale specie di pasta va bene con questo sugo?
2. *la varietà* (BOT.)
Questa varietà di mele ha un sapore molto dolce.
3. (ugs.) *la sorta, la specie, la razza*
*Non viene mai a trovarti, ma che razza di
amico è?*

la sorta PFF **Art, Sorte** (s.o. 1 und 3)
la sorte 1. **Schicksal, Los, Lage**
*Lui è contento della sua sorte, non si lamenta
mai.*
2. **Schicksal, Zukunft**
Tocca a te a decidere della tua sorte, non agli altri.
3. **Glück**
Abbiamo la sorte di vivere in pace.
Auch: *per sorte*: **zufällig**

Souterrain	*il seminterrato*
	Essendo al seminterrato il suo appartamento è molto buio.
il sotterraneo	**unterirdischer Gang, Gewölbe**
	Questa domenica si possono visitare i sotterranei del castello.

Spaß	1. *il piacere, il divertimento, lo spasso*
	Buon divertimento al cinema!
	2. *lo scherzo, la burla*
	Non prenderlo sul serio, lo dice solo per scherzo.
lo spasso PFF	1. **Spaß** (s. o. 1), **Vergnügen**
	2. (fig.) **Spaßvogel, Witzbold**
	Questo ragazzo è davvero uno spasso, mi fa molto ridere.
	Auch: *andare a spasso*: **spazieren gehen**

Spedition	*l'impresa di spedizioni, l'impresa di traslochi*
	Domani arriverà l'impresa di spedizioni con i nostri mobili.
la spedizione PFF	1. **Versand, (Ver-)Sendung**
	La spedizione del pacchetto costerà quattro euro.
	2. **Sendung**
	Aspetto una spedizione urgente, ma il postino non è ancora arrivato.
	3. **Expedition**
	La spedizione è arrivata fino al Polo Nord.
	4. **Feldzug** (MIL.)
	Napoleone non riuscì a terminare la spedizione prima che cominciasse l'inverno.

Spektakel   1. *lo spettacolo*
Sono riusciti ad organizzare uno spettacolo
fantastico, con musica e fuochi d'artificio.
2. *il baccano, lo schiamazzo*
Davanti al locale alcuni clienti ubriachi hanno
fatto un baccano terribile.

lo spettacolo PFF   1. **Aufführung, Schauspiel, Vorstellung**
Durante lo spettacolo vengono spente le luci.
2. **Anblick, Schauspiel, Spektakel** (s.o. 1)
Auch: *il mondo dello spettacolo*: Show-
business

Spektrum   1. *lo spettro* (PHYS.)
Il professore di fisica spiega di che cosa è
composto lo spettro della luce.
2. (fig.) *la gamma, la varietà*
Il negozio offre una vasta gamma di prodotti.

lo spettro PFF   1. **Geist, Gespenst**
Il bambino ha paura perché crede di aver visto
uno spettro.
2. (fig.) **Schreckgespenst**
Tutti i giornali cominciano a parlare dello
spettro della guerra.
3. **Spektrum** (s.o. 1)

---

spendieren (ugs.)   *offrire, regalare*
Il mio amico mi ha offerto qualcosa da bere.

spendere   1. **ausgeben**
Il mese scorso ho speso troppi soldi.
2. (fig.) **aufwenden, opfern, verschwenden**
Non voglio più spendere il mio tempo ascoltando queste stupidaggini.

Spezies	1. *la specie* (BIOL.)
	Questo insetto appartiene ad una specie rara.
	2. (ugs.) *il genere*
	Da queste parti abita uno strano genere di gente.
la specie PFF	1. **Art, Sorte**
	Quale specie di dolce preferisci?
	2. **Spezies, Art** (s.o. 1)
	Auch: *in specie*: **insbesondere**; *mi fa specie*:
	es erstaunt mich
le spezie (Pl.)	**Gewürz**
	Molte spezie provengono dall'Oriente.

Sphäre	*la sfera*
	Purtroppo non posso aiutare, la mia sfera
	d'influenza finisce qui.
la sfera PFF	1. **Kugel**
	Non so cosa porterà il futuro, non ho una sfera
	di cristallo.
	2. (fig.) **Bereich, Sphäre** (s.o.)
	3. (fig.) **Kreis**
	L'attrice fa parte delle alte sfere della città.
	4. (ugs.) **Fußball, Leder**
	Un ragazzo della mia squadra mi passa la sfera.

Spion	1. *la spia, l'agente segreto*
	Nella vita reale le spie non assomigliano a
	James Bond.
	2. *lo spioncino, la spia* (Türspion)
	La polizia consiglia di guardare attraverso
	lo spioncino prima di aprire la porta.
lo spione	(pej.) **Spitzel, Schnüffler**
	Il mio vicino è uno spione, fruga ovunque!

Stange	1. *la stanga* (Holz; Kleider-, Teppich-) *Ci sono stati molti furti nella zona, è meglio se assicuri la porta con una stanga.* 2. *la barra, la sbarra* (Metall) *Al principio del sentiero c'è una sbarra per non fare passare le macchine.* 3. *l'asta* (Gardinen-) *Mia madre stava appendendo le tende all'asta quando è caduta.* Auch: **die Stange Zigaretten:** *la stecca di sigarette*
la stanga PFF	1. **Latte, Stange** (s.o. 1) 2. **Trenngitter** *Nella stalla gli animali sono separati da stanghe.* 3. (fig., ugs.) **Bohnenstange, lange Latte** *A quindici anni il ragazzo è cresciuto tantissimo, ora è una vera stanga.*
Station	1. *la fermata* *Dobbiamo scendere alla prossima fermata.* 2. *la tappa, la sosta* *La prossima tappa del viaggio sarà a Bologna, ci fermiamo per mangiare.* 3. (fig.) *la stazione* *Fai attenzione, il treno non ferma in tutte le stazioni.* 4. *il reparto (di ospedale)* *Sono andato a vedere mia nonna al reparto di cure intensive.*
la stazione PFF	1. **Bahnhof, Hafen, Flughafen** *Tutti i treni fermano alla stazione centrale.* 2. **Station** (s.o. 3)

3. **Sender** (RADIO, TV)
La stazione televisiva si trova a Milano.
4. **Dienststelle, Wache**
*Siamo andati alla stazione di polizia per
sporgere denuncia.*
Auch: *la stazione di rifornimento*: Tankstelle

Statist/in **il/la comparsa** (auch fig.)
*Stanno ancora cercando comparse per il nuovo
film di Bertolucci.*
lo/la statista **Staatsmann, Politiker/in**
*Domani gli statisti più importanti d'Europa
s'incontreranno a Bruxelles.*

Stipendium **la borsa di studio**
*Lo studente ha ricevuto una borsa di studio per
tre anni.*
lo stipendio **Lohn, Gehalt**
*Non so come fa a vivere con uno stipendio così
basso.*

Stoff 1. **la stoffa, il tessuto**
*Per questi abiti si usano solo stoffe di buona
qualità.*
2. **la sostanza, la materia** (PHYS.)
*Analizzando il meteorite gli scienziati hanno
scoperto della materia radioattiva.*
3. **il soggetto, il tema**
*Il regista ha trovato il soggetto adatto per il suo
prossimo film.*
4. **la materia** (SCHULE, UNIV.)
*L'insegnante consiglia ai ragazzi di ripassare
tutta la materia delle ultime lezioni.*

5. (ugs.) *l'alcol, la droga*
Per stasera non abbiamo i soldi per procurarci la droga.

la stoffa PFF 1. **Stoff** (s. o. 1), **Gewebe**
2. **Talent**, (ugs.) **Zeug**
Lei ha la stoffa per diventare una brava pianista.

Student/in *lo studente / la studentessa (universitario/a)*
Questi locali sono sempre pieni di studenti.

lo studente / la studentessa PFF 1. **Schüler/in**
Durante le pause gli studenti si trovano nel cortile per chiacchierare.
2. **Student/in** (s. o.)

Studio 1. *lo studio, l'atelier*
Vado a ritirare le foto allo studio sotto casa mia.
2. *lo studio* (FILM, RADIO, TV)
La trasmissione è stata registrata negli studi della RAI.
3. *il monolocale*
Da studente avevo affittato un monolocale vicino all'università.

Studium 1. *lo studio*, (Pl.) *gli studi* (UNIV.)
L'anno prossimo Luca finirà gli studi di giurisprudenza.
2. *lo studio, la ricerca*
Il laboratorio si dedica allo studio dei microorganismi.
3. *l'esame, l'analisi*
Prima di scrivere una tesi su uno scrittore bisogna fare un esame della sua opera.

lo studio PFF 1. **Lernen, Studieren**
Mi servono ancora due settimane di studio per preparare l'esame.
2. **Studium** (s.o. 1 und 2)
3. **Studie, Untersuchung**
Ho letto uno studio recente sul terrorismo in Italia.
4. **Arbeitszimmer**
Il professore si è rinchiuso nel suo studio.
5. **Büro, Praxis, Studio**
Il dottor Melis riceve nel suo studio dalle ore 10 alle 13.

---

studieren 1. *studiare* (UNIV.)
Laura studia all'Università di Bologna.
2. *studiare* (untersuchen, beobachten, genau durchlesen)
L'allenatore di calcio studia la strategia della squadra avversaria.

studiare PFF 1. **studieren** (s.o. 1 und 2)
2. **lernen**
Devo studiare i vocaboli inglesi.
3. **einstudieren, üben**
La ragazza studia una sonata per la lezione di pianoforte.

Stufe 1. *il gradino, lo scalino*
La scalinata di Trinità dei Monti ha 135 gradini.
2. *il livello*
Per quanto riguarda la qualità il loro lavoro non è sullo stesso livello.

la stufa **Ofen**
Abbiamo preso della legna per la stufa della casa in montagna.

Subjekt	1. *il soggetto* (GRAMM., PHIL., RECHT) *Per tradurre la frase latina, i ragazzi devono prima individuare il soggetto.* 2. (pej.) *l'individuo, il soggetto* *Non voglio che mio figlio frequenti quel ragazzo perché dicono che sia un cattivo soggetto.*
il soggetto PFF	1. **Subjekt** (s.o. 1 und 2) 2. **Thema, Gegenstand, Stoff** *Il soggetto di questo film è la rivoluzione in Russia.*

---

subtil	1. *sottile, raffinato/a* (Argumentation, Unterscheidung) *Nel suo libro lo storico ha fatto una sottile distinzione fra la rivoluzione e lo spirito rivoluzionario.* 2. *complesso/a* *Non posso risponderti subito, è un discorso piuttosto complesso.*
sottile PFF	1. **dünn, schmal, schlank** *Questa ragazza ha le mani molto sottili.* 2. (fig.) **leise, schwach** *In classe la sua voce sottile si sente appena.* 3. **scharf, fein** (Gehör-, Geruchssinn) *Il cane da caccia ha un odorato molto sottile.* 4. **subtil** (s.o. 1)

---

suggerieren	1. *suggerire, evocare* *Le palme nel giardino suggeriscono un'atmosfera mediterranea.* 2. *indurre qu. a pensare qc.* *Le sue parole mi indussero a pensare che tutto andasse bene.*

suggerire PFF 1. **vorsagen, einflüstern**; auch: **soufflieren** (THEA.)

Durante l'interrogazione il mio compagno di banco mi ha suggerito i vocaboli che non conoscevo.

2. **suggerieren** (s. o. 1)

3. **empfehlen, raten, vorschlagen**

A causa della sua tosse il medico gli ha suggerito una vacanza in montagna.

4. **deutlich machen, zeigen**

Mia sorella mi ha suggerito cosa fare, così sono riuscita a prendere una decisione.

---

suspendieren 1. *sospendere* (Dienst, Amt)

Il funzionario di polizia è stato sospeso dal servizio.

2. *esonerare* (Unterricht, Wehrdienst)

Il ragazzo fu esonerato dalle lezioni per una settimana.

sospendere PFF 1. **(auf)hängen**

Negli alberi sono sospesi dei lampioncini per la festa.

2. (fig.) **unterbrechen, einstellen, aussetzen**

A causa della forte pioggia hanno sospeso i lavori nel cantiere.

3. (fig.) **streichen**

Il mio volo è stato sospeso.

4. **suspendieren** (s. o. 1)

5. (fig.) **entziehen** (Führerschein)

Mi hanno sospeso la patente perché guidavo troppo veloce.

6. **sperren** (SPORT)

Il giocatore è stato sospeso per la prossima partita.

T

Taille	**la vita**
	Questo vestito mi sta un po' stretto in vita.
la taglia	1. **Größe, Gestalt, Statur**
	Data la sua taglia questo letto sarà troppo piccolo per lui.
	2. **Größe** (Kleidung)
	La ragazza porta la taglia 44.
	3. **Kopfgeld, Belohnung**
	La polizia ha messo una taglia sulla testa dei rapinatori.

Takt	1. **il tempo, il ritmo** (MUS.)
	Questo ragazzo non riesce a mantenere il ritmo.
	2. **la battuta, la misura** (MUS.)
	I musicisti suonano le ultime battute.
	3. (fig.) **il tatto, la discrezione**
	Nelle situazioni delicate bisogna usare molto tatto.
il tatto PFF	1. **Tastsinn**
	La superficie sembra liscia al tatto.
	2. (fig.) **Takt** (s. o. 3)

Tapete	**la carta da parati**
	Nel mio appartamento ho tolto la vecchia carta da parati.
	Auch: (fig.) **Tapetenwechsel: il cambiamento d'aria**

il tappeto	1. **Teppich**
	Devo ancora passare l'aspirapolvere sul tappeto.
	2. **Matte** (SPORT)
	Ho comprato un tappeto per fare yoga.

Tasche	1. *la borsa*
	Il portafoglio è stato rubato dalla mia borsa.
	2. *la tasca* (Kleidung)
	Questa giacca ha due tasche.
la tasca PFF	**Tasche** (S. O. 2)

Tastatur (Ø)	*la tastiera*
	La tastiera del mio computer non funziona più.

Tempo	1. *l'andatura, la velocità* (Fortbewegung)
	Il conduttore guida a bassa velocità.
	2. *il ritmo*
	Il ritmo della crescita economica ha sorpreso tutto il paese.
	3. *il tempo* (MUS.)
	L'insegnante di pianoforte batte il tempo con la mano.
	Auch: (ugs.) **Tempo machen:** *sbrigarsi*
il tempo PFF	1. **Zeit**
	Non dobbiamo sbrigarci, abbiamo ancora tanto tempo.
	2. **Wetter**
	Le previsioni dicono che domani farà bel tempo.
	3. **Tempo** (MUS., S. O. 3); auch: **Takt**
	4. **Teil** (FILM, THEA.)
	Voglio vedere anche il secondo tempo del film.
	Auch: *il primo tempo:* die erste Halbzeit

Termin	1. *l'appuntamento* (Treffen)
	Alle dieci ho un appuntamento dal dentista.
	2. *la data, il termine di consegna* (Datum, Abgabefrist)
	Devo consegnare la mia tesi entro quella data.
	3. *l'udienza* (RECHT)
	L'udienza al tribunale avrà luogo domani.
il termine PFF	1. **Ende, Endpunkt**
	Al termine del nostro viaggio avremo percorso 1000 chilometri.
	2. **Grenze**
	Il Po segna il termine della provincia di Rovigo e l'inizio di quella di Ferrara.
	3. **Termin, Frist** (S.O. 2)
	Il termine per la consegna della domanda è il 20 maggio.
	4. **Wort, Ausdruck, Begriff**
	Non riesco a capire questo testo, è pieno di termini tecnici.
	5. (Pl.) **Umstände, Rahmenbedingungen**
	Dobbiamo chiarire i termini della collaborazione.

Tinte	*l'inchiostro*
	Le correzioni si fanno spesso con l'inchiostro rosso.
	Auch: (ugs.) **in der Tinte sitzen**: *trovarsi in un impiccio*; **Tintenfisch**: *la seppia, il calamaro*
la tinta	1. **Farbe, Ton** (auch fig.)
	Mia nonna si veste sempre di tinte scure.

2. Farbe, Lack

Il pennello è ancora pieno di tinta, devi sciacquarlo.

Auch: *a tinta unita*: **einfarbig**

Titel

1. *il titolo* (ADEL, SPORT, UNIV.)

Il professore ci tiene molto ad essere chiamato con il suo titolo accademico.

2. *il titolo* (Publikation)

«Il barone rampante» è il titolo di un romanzo di Calvino.

Auch: **Titelseite**: *la prima pagina*

il titolo PFF

1. **Titel** (s. o. 1 und 2)

2. **Wertpapier, Aktie**

Ieri i titoli di stato hanno avuto un crollo vertiginoso.

Auch: *a titolo gratuito*: **kostenlos**; *a titolo di prestito*: **leihweise**

Tonne

1. *il bidone* (Müll-)

In cortile c'è il bidone per le immondizie.

2. *la tonnellata*

Questa nave trasporta tonnellate d'acciaio.

il tonno

Thunfisch

In un ristorante al mare ho mangiato un tonno alla griglia.

Torso

il torso (KUNST)

Fra le varie statue presenti in giardino c'è anche un torso romano.

il torso PFF

1. **Rumpf, Oberkörper**

Luca ha lavorato in giardino a torso nudo, ora è tutto abbronzato.

2. **Torso** (s.o.)
3. **Strunk, (Kern-)Gehäuse**
Le lumache hanno lasciato solo il torso del cavolo.

---

transportieren *trasportare*
Abbiamo trasportato le loro valigie all'albergo.

trasportare 1. **transportieren** (s.o.), **befördern, bringen**
2. **tragen, schleppen**
Luca ha trasportato la lavatrice al terzo piano.
3. (fig.) **mit-, hinreißen**
È una musica che trasporta.
4. **übertragen** (Daten)
Ho trasportato i dati sul mio nuovo computer.

---

trivial 1. *banale, ovvio/a*
Per questo fenomeno esiste una spiegazione banale.
2. *mediocre, dozzinale*
La cucina in questo ristorante è mediocre, ma l'atmosfera è bella.

triviale **ordinär, vulgär**
Questo libro è pieno di espressioni triviali.

Trompete *la tromba*
Il ragazzo suona la tromba nell'orchestra.

la trombetta **Spielzeugtrompete**
Come regalo il bambino ha ricevuto una trombetta.

Tube	***il tubetto***
	Ci occorre un nuovo tubetto di dentifricio.
il tubo	1. **Rohr, Röhre, Schlauch**
	Dobbiamo fissare il tubo della lavatrice nuova.
	2. **Trakt, Leiter** (ANAT.)
	Durante la lezione di anatomia i ragazzi
	studiano il tubo digerente.
	Auch: (ugs.) ***non capire un tubo*: nur Bahnhof**
	verstehen

Typhus	***il tifo***
	In Europa i malati di tifo sono ormai molto rari.
il tifo PFF	1. **Typhus** (s.o.)
	2. **Sport-(Begeisterung)** (MUS., SPORT);
	auch: (pej.) **Fanatismus**
	Il mio amico fa il tifo per l'Inter.

U

Unikat	*l'unicum, l'esemplare unico* *L'esemplare del francobollo che ti ho regalato è un unicum, non ne esistono altri.*
Unikum	(ugs.) *l'originale* m. *Quel vecchio signore è davvero un originale.*
unico/a	einmalig, einzig(artig) *La festa è l'unica occasioné per incontrare i vecchi compagni di classe.*

Utensil	*l'arnese* m., *l'attrezzo* (meist Pl.) *Un martello e un paio di chiodi sono attrezzi indispensabili in ogni casa.* Auch: **Schreibutensilien:** *l'occorrente per scrivere;* **seine Utensilien zusammen-packen:** *raccogliere le proprie cose*
l'utensile m.	Werkzeug (Holz, Stein) *La sega è uno degli utensili del falegname.* Auch: *l'utensile di cucina:* Küchengerät

V

Vase	***il vaso***
	Ho messo il mazzo di fiori nel vaso blu.
il vaso	1. **(Blumen-)Vase** (s.o.)
	2. **Gefäß** (auch ANAT.), **Topf**
	I gerani sono diventati troppo grandi per questo vaso.
	3. **(Einmach-)Glas**
	Il pavimento è coperto di marmellata perché mi è caduto il vaso.
	4. (ugs.) **Toiletten-, Klobecken**
	Questa settimana tocca a te pulire il vaso del gabinetto.

Vehikel	1. (pej.) ***il trabiccolo***, (ugs.) ***il macinino***
	Mi rifiuto di salire su quel trabiccolo, non potresti comprare una macchina nuova?
	2. (fig.) ***il veicolo, il mezzo, lo strumento***
	La musica gli serve come strumento per esprimere i suoi sentimenti.
il veicolo PFF	1. **Fahrzeug**
	I veicoli a motore non possono girare in centro città.
	2. (fig.) **Vehikel, Mittel** (s.o. 2)
	3. **Überträger** (MED.)
	Questo tipo di zanzara può essere il veicolo di una malattia tropicale.

Ventil (Ø)	*la valvola*
	La valvola di sicurezza della mia lavatrice è rotta.

Vers	1. *il verso* (LYRIK)
	Vorrei mettere in versi il testo che hai letto ieri.
	2. (ugs.) *la strofa*
	Luca sa a memoria due strofe della poesia imparata a scuola.
il verso PFF	1. **Vers** (s. o. 1 und 2)
	2. **Laut, Ruf, Weise** (Tier)
	Luigi riconosce i versi di tutti gli uccelli.
	3. **Seite, Richtung**
	Se prosegui per questo verso, raggiungerai Piazza di Spagna in poco tempo.
	Auch: (fig.) *Secondo Matteo Renzi, l'Italia deve cambiare verso.*
	4. **Rückseite**
	Ho letto solo il verso del foglio.
	5. **Eigenart** (LING.)
	Paola parla con un verso decisamente toscano.
	Auch: *rifare il verso a qu.*: **jdn. imitieren, nachäffen**

virtuos	*brillante, eccellente*
	Pollini è un pianista brillante.
virtuoso/a	**tugendhaft, sittlich**
	Ha sempre condotto una vita virtuosa, senza vizi e peccati.

Vision 1. *la visione* (REL., Erscheinung)
Hildegard von Bingen è famosa per le sue
visioni.
2. *la visione, l'allucinazione* f.
Enrico soffriva di allucinazioni, ma i medicina-
li l'hanno aiutato.
3. *la visione* (Bild der Zukunft)
Il problema di questo politico è la sua mancan-
za di visioni.

la visione PFF 1. **Sehen, Sehvermögen**
L'essere umano ha una visione tridimensionale.
2. **Vision** (s.o. 1, 2, 3)
3. **Anschauung, Auffassung**
Enrico ha una visione pragmatica della vita.
4. **Bild, Anblick, Szene**
La visione dell'incidente mi ha sconvolto.
5. **Einsicht, Ansicht**
L'avvocato prende visione dei documenti sul
caso.
6. **Vorführung, Aufführung**
Il film è stato trasmesso in prima visione
televisiva.

Visite (Pl.) *le visite* (MED.)
Ogni mattina i medici dell'ospedale fanno il
giro di visite ai malati.

la visita PFF 1. **Besuch**
Questo weekend viene in visita un vecchio
amico.
2. **Besichtigung, Besuch** (Stadt, Museum)
Abbiamo già preso i biglietto per la visita al
museo.

3. **Visite** (s.o.); auch: **(medizinische)**
Untersuchung
4. **Durchsuchung, Kontrolle, (Über-)Prü-**
fung
Il viaggiatore deve fermarsi per la visita
doganale.
Auch: *la visita fiscale*: **Steuerprüfung**

Vitrine	*la vetrina, la credenza a vetri*
	Al museo i reperti archeologici sono esposti
	in vetrina.
la vetrina PFF	1. **Schaufenster, Auslage**
	I passanti guardano la vetrina del negozio.
	2. **Vitrine** (s.o.)
	Auch: (fig.) *mettere in vetrina qc.*: **etw. zur**
	Schau stellen

Volontär/in	*l'apprendista* m./f., *il/la tirocinante,*
	il/la praticante
	L'apprendista fa il giro di tutti i reparti
	dell'azienda.
il volontario / la volontaria	**Freiwillige/r** (MIL.),
	Ehrenamtliche/r
	L'associazione non potrebbe esistere senza
	il lavoro dei volontari.

Votum	1. *il voto* (POL.)
	La frazione di sinistra ha espresso il suo
	voto contro la politica energetica del
	governo.
	2. *il parere, la valutazione*
	Tutti i genitori hanno dato parere favorevole
	alla gita scolastica.

il voto PFF   1. **Votum** (s. o. 1), **Stimme**
2. **Wahl, Abstimmung**
Nelle democrazie moderne il voto è segreto.
3. **Gelübde, Gelöbnis**
Il voto è una promessa fatta a Dio.
4. **Note, Zensur**
Lo studente ha preso un brutto voto nell'esame di biologia.

W

Weste	1. *il gilet, il panciotto* *Si vede la sua camicia nera sotto il gilet.* 2. *il cardigan* (Strickjacke) *Fa freddo e Laura si mette un cardigan.* Auch: **Schwimmweste:** *il giubbotto* *salvagente*
la veste	1. **Kleidung, Kleid, Gewand** *Maria indossava una veste lunga fino ai piedi.* 2. (fig.) **Anschein, Aussehen** *Dietro la veste di intellettuale lui nasconde una* *grande ignoranza.* 3. (fig.) **Gestalt, Ausdruck** *Il ragazzo dà veste poetica ai propri pensieri.* Auch: *in veste di qc.*: **in der Eigenschaft/** **Funktion als etw.**
Winkel	1. *l'angolo* *Gli studenti calcolano gli angoli di un quadrato.* 2. *l'angol(in)o* (Raum) *Il bambino si nasconde in un angolino buio* *della stanza.*
il vincolo	1. **Band, Bindung, Fessel** *I vincoli familiari possono essere molto forti.* 2. **Auflage, Beschränkung** (RECHT) *Il comune non può costruire la strada a causa* *dei vincoli ambientali.*

Z

Zelle   1. *la cella*
Le celle della prigione sono piccole.
Auch: *la cella solare:* **Solarzelle**
2. *la cellula* (BIOL.)
Gli studenti guardano le cellule con il micro-scopio.
Auch: **Telefonzelle:** *la cabina telefonica*

la cella PFF   1. **Zelle** (S.O. 1)
2. **(Honig-)Wabe**
Le api depositano il miele nelle celle dell'alveare.

---

zensieren   1. *censurare*
Anche oggi la stampa è censurata in molti paesi.
2. *valutare, dare un voto a qu.*
L'insegnante deve ancora valutare le prove scritte.

censire   1. **registrieren** (VERW.)
L'amministrazione censisce tutti i cittadini.
2. **zählen** (POL.)
Ogni tanto lo stato cerca di censire la popolazione.

Ziffer   *la cifra*
Laura ha dimenticato le cifre del suo codice bancario.

la cifra PFF   1. **Ziffer, Zahl** (S.O.)
2. **Summe**
Laura ha pagato una cifra esagerata per la sua macchina.

3. Chiffre, Geheimschrift
Nel loro gioco i bambini usano un codice in cifra.
4. (ugs.) Unmenge
Lui lavora sì tanto, ma guadagna una cifra.

Zirkel	1. *il compasso*
	Durante la lezione di matematica i ragazzi imparano ad usare il compasso.
	2. *il circolo, la cerchia* (gesellschaftlicher Kreis)
	L'artista fa parte dei circoli intellettuali della città.
il circolo PFF	1. **Kreis** (auch fig.), **Zirkel** (s.o. 2)
	2. **Kollegium**
	La riunione del circolo didattico è durata due ore.
	3. **(Blut-)Kreislauf**
	La circolazione del sangue trasporta l'ossigeno ai polmoni.
	Auch: *il circolo equatoriale*: Äquator

Zitrone (Ø)	*il limone*
	Al bambino piace la torta al limone.

---

zivil	1. *civile* (nicht militärisch)
	La guerra fa soffrire la popolazione civile.
	2. (ugs.) *ragionevole, giusto/a*
	Ci hanno venduto la casa a condizioni ragionevoli.
	Auch: **Zivilrecht**: *il diritto civile*
civile PFF	1. **bürgerlich, Bürger-**
	Il voto fa parte dei diritti civili.
	2. **zivil** (s.o. 1)

3. zivilisiert
Fino alla manifestazione di oggi pensavo di abitare in un paese civile.

4. anständig, gesittet, kultiviert
Si vede dal suo comportamento che è una persona civile.

Zone
    la zona (GEO., begrenzter Bereich)
Le macchine non possono entrare nella zona pedonale.

la zona PFF
1. Gebiet, Gegend
Questa zona è piena di boschi.

2. Zone (s.o.)

3. (Stadt-)Bezirk, (Stadt-)Viertel
Il cinema si trova in zona Esquilino a Roma.

Anhang 1: Deutsche und italienische Wörter mit unterschiedlicher Betonung

agil	agile	explizit	esplicito
die Akademie	un'accademia	die Ekstase	un'estasi
der Akrobat	un acrobata		
die Analyse	un'analisi	die Fabrik	la fabbrica
die Anekdote	un aneddoto	das Fossil	il fossile
der Anis	un anice	der Fotograf	il fotografo
anonym	anonimo	die Fotokopie	la fotocopia
die Antilope	un'antilope	frivol	frivolo
das Apartment	un apparta-mento		
der Apostroph	un apostrofo	die Genese	la genesi
der Archäologe	un archeologo	das Genie	il genio
das Atom	un atomo	der Gynäkologe	il ginecologo
das Automobil	un'automobile		
der Autor	un autore	das Horoskop	l'oroscopo
die Barbarei	la barbarie	das Idol	l'idolo
der Barbar	il barbaro	der Inspektor	un ispettore
der Bariton	il baritono	die Industrie	l'industria
der Bürokrat	il burocrate	der Interpret	l'interprete
		intim	intimo
debil	debole	der Invalide	l'invalido
der Despot	il despota	Irland	l'Irlanda
die Diagnose	la diagnosi	Israel	l'Israele
der Diakon	il diacono		
der Dialog	il dialogo	Japan	il Giappone
der Direktor	il direttore	Jesus	Gesù
der Disput	la disputa	die Jury	la giuria
der Doktor	il dottore		
		das Känguruh	il canguro
die Emphase	un'enfasi	der Kannibale	il cannibale
die Epoche	l'epoca	das Kanu	la canoa
		der Karneval	il carnevale

die Katastrophe	la catastrofe	das Phänomen	il fenomeno
der Katheder	la cattedra	der Philosoph	il filosofo
der Kilometer	il chilometro	die Physik	la fisica
die Kolonie	la colonia	der Plural	il plurale
der Komplize	il complice	die Politik	la politica
konkurrieren	concorrere	der Polyp	il polipo
der Kredit	il credito	die Prognose	la prognosi
die Kritik	la critica	das Projektil	il proiettile
		die Prothese	la protesi
labil	labile		
legitim	legittimo	der Psychologe	il psicologo
ligurisch	ligure	die Pyramide	la piramide
		die Rendite	la rendita
maritim	marittimo	das Reptil	il rettile
die Mathematik	la matematica	die Republik	la repubblica
die Methode	il metodo		
die Metropole	la metropoli	die Sandale	il sandalo
die Mikrobe	il microbo	der Satellit	il satellite
das Mikrofon	il microfono	die Satire	la satira
der Millimeter	il milimetro	das Skelett	lo scheletro
mobil	mobile	solide	solido
das Modul	il modulo	steril	sterile
das Molekül	la molecola	stupide	stupido
der Monolog	il monologo	das Symbol	il simbolo
monoton	monotono	das Symptom	il sintomo
die Musik	la musica	das Syndrom	la sindrome
		die Syntax	la sintassi
der Nomade	il nomade	die Synthese	la sintesi
das Organ	l'organo	das Telefon	il telefono
die Oase	l'oasi	das Thermometer	il termometro
der Ozean	l'oceano		
		die Visite	la visita
der Panther	la pantera		
der Papa	il papà	der Zentimeter	il centimetro
die Periode	il periodo	die Zeremonie	la cerimonia

Anhang 2: Deutsche und italienische Wörter mit unterschiedlichem Artikelgebrauch

die Ananas	un ananas		das (Sport-) Finale	la finale
die Anekdote	un aneddoto		die Folklore	il folklore
die Annonce	un annuncio		das Foto	la foto
das Aspirin	un'aspirina		die Front	il fronte
die Attacke	un attacco			
das Auto	un'auto		die Geste	il gesto
			die Gruppe	il gruppo
die Bar	il bar			
die Bastion	il bastione		das Hormon	un ormone
die Bronze	il bronzo		die Hymne	un inno
die Büste	il busto			
			die Intrige	l'intrigo
das Charakteristikum	la caratteristica			
das Chlorophyll	la clorofilla		das Kanu	la canoa
die Cholera	il colera		das Kompott	la composta
die Courage	il coraggio		der Konsonant	la consonante
die Chrysantheme	il crisantemo		die Kontrolle	il controllo
			die Koralle	il corallo
			die Koryphäe	il corifeo
die Debatte	il dibattito			
der Dynamo	la dinamo		der Majoran	la maggiorana
die Diskette	il dischetto		die Mandarine	il mandarino
der Disput	la disputa		die Mandoline	il mandolino
die Dividende	il dividendo		der Marathon	la maratona
			der Marsch	la marcia
die Episode	un episodio		die Mark (Geld)	il marco
das Europa	l'Europa (f.)		die Massage	il massaggio
die Exekutive	un esecutivo		die Melone	il melone
			der Meteor	la meteora
das Fest	la festa		die Methode	il metodo
das Fieber	la febbre		die Mikrobe	il microbo

die Milliarde	il miliardo	der Saal	la sala
die Million	il milione	der Salamander	la salamandra
die Minute	il minuto	die Sandale	il sandalo
das Model (Mode)	la modella	die Skizze	lo schizzo
das Modell	il modello	die Sekunde	il secondo
das Molekül	la molecola	die Show	il show
		das Sigel	la sigla
die Narzisse	il narciso	das Syndrom	la sindrome
die Nummer	il numero	der Star	la star
		die Studie	lo studio
das Orchester	un'orchestra		
		der Tarif	la tariffa
die Panik	il panico	die Taste	il tasto
der Panther	la pantera	das Telefonat	la telefonata
die Partei	il partito	der Tiger	la tigre
die Party	il party	die Trikolore	il tricolore
die Periode	il periodo	die Trophäe	il trofeo
die Pinie	il pino	das T-Shirt	la T-Shirt
die Platane	il platano		
der Platz	la piazza	der Urin	l'urina
das Pulver	la polvere		
der Pomp	la pompa	der Vamp	la vamp
das Porzellan	la porcellana	die Vase	il vaso
der Purpur	la porpora	die Violine	il violino
die Prognose	il pronostico	das Vitamin	la vitamina
der Protest	la protesta	die Vokabel	il vocabolo
das Radio	la radio	der Wodka	la vodka
die Rallye	il rallye		
die Reportage	il reportage	der Vokal	la vocale
der Reim	la rima		
der Ruin	la rovina	die Yacht	il yacht
die Rolle	il ruolo		
		die Zeder	il cedro
die Safari	il safari	die Zigarre	il sigaro
die Sahara	il Sahara		

Register der italienischen Stichwörter